Alles über junge Hunde

Dr. med. vet.
Eva Maria Bartenschlager

Die Tiersprechstunde

Alles über junge Hunde

FALKEN

In der Reihe »Die Tiersprechstunde« sind bisher u. a. erschienen:
»Tiere im Wassergarten« (Nr. 808)
»Alles über Meerschweinchen« (Nr. 809)
»Alles über Igel in Natur und Haus« (Nr. 810)
»Junge Katzen« (Nr. 862)
»Sittiche und kleine Papageien« (Nr. 864)

Dieser Band der »Tiersprechstunde« entstand
in Zusammenarbeit zwischen dem
FALKEN Verlag und der TR Verlagsunion.

ISBN 3 8068 0863 5

Titelbild: Reinhard-Tierfoto, Heiligkreuzsteinach-Eiterbach
Fotos: Toni Angermayer, Holzkirchen: 29, 30, 31; Horst Bielfeld,
Jameln: 3 u. r., 14 l., 15, 25, 45, 46; Ingeborg Polaschek, Linsengericht-
Altenhaßlau: 11, 12 o., 13 o., 24, 34, 35, 38, 40, 41, 42, 50, 56, 62;
Reinhard-Tierfoto: 1, 2, 3 o. + u. l., 6, 7, 8, 9, 12 u., 13 u., 14 r., 16, 17, 21,
36, 39, 44, 51, 52, 53, 55, 59, 60, 61.
Zeichnungen: Ute Kuhn, München

Satz: LibroSatz, Kriftel bei Frankfurt
Druck: Zumbrink Druck GmbH, Bad Salzuflen

817 2635 4453 62

Inhalt

Der Nachwuchs wird geplant

Einige Worte zuvor

Für jeden Besitzer einer Hündin stellt sich früher oder später die Frage, ob er das Tier nicht wenigstens einmal decken und Junge bekommen lassen soll.

So schön es sein kann, die Hundekinderstube zu beobachten und mit den heranwachsenden Welpen zu spielen, ein solcher Entschluß sollte reiflich überlegt werden! Es erfordert nämlich eine Menge Geld, Zeit, Arbeit und auch Platz, einer Hündin und ihren Welpen eine artgerechte Unterbringung zu bieten.

Machen Sie sich vorher klar, daß junge Hunde eine ganze Weile brauchen, bis sie stubenrein sind, und das Wohnzimmer somit nicht der geeignete Ort ist, die Kleinen zu beherbergen. Wer nicht über einen Garten oder sonstige Auslaufmöglichkeiten im Freien verfügt, sollte wenigstens ein Hundekinderzimmer, das problemlos zu reinigen ist, zur Verfügung haben. Zu klein darf der Raum auch nicht sein, denn die Welpen brauchen für ihre Entwicklung Platz zum Rennen und Toben. Leuten mit einer Etagenwohnung im vierten Stock kann man von der Hundezucht also nur abraten.

Man bedenke auch, daß der Wurf nicht etwa nur morgens und abends versorgt werden muß, sondern rund um die Uhr Betreuung braucht. Also ist Züchten nichts für Berufstätige oder Hundebesitzer, die viel unterwegs sein müssen. Und die Kosten, die für Deckgeld, Tierarzt, Futter und Ausstattung der Kinderstube anfallen, sind auch nicht unerheblich und nur für Besitzer von Rassehündinnen durch den Verkauf der Welpen in etwa wieder hereinzuholen.

Das zweite Problem, das es vor der Entscheidung für Nachwuchs zu bedenken gilt, ist: »Wohin mit den heranwachsenden Welpen?« Wer nicht gerade Besitzer einer preisgekrönten Zuchthündin ist, wird unter Umständen Probleme haben, genügend passende Interessenten zu finden. Erkundigen Sie sich also vorher, ob Sie die Möglichkeit haben, die Kleinen in ihrem Bekanntenkreis unterzubringen.

Überhaupt ist es natürlich immer ein Risiko, Mischlingshunde aufzuziehen, da man ja nie vorher sagen kann, wie die Erbanlagen der Eltern sich bei den Jungen auswirken werden. Für einen Schäferhund mit Dackelbeinen wird man nur schwer einen Liebhaber finden.

Der Verkauf von Rassehunden – wie diese drei kleinen Foxterrier – ist nicht so schwierig. Problematischer wird es schon, Mischlingshunde unterzubringen.

Sie sollten sich also unbedingt vorher über die Absatzchancen der zu erwartenden Welpen informieren und sich auch mit der Frage beschäftigen, was zu tun ist, wenn die Hündin mehr Welpen zur Welt bringt, als es Interessenten für die Tiere gibt. Züchten heißt, eine große Verantwortung auf sich zu nehmen, sowohl der Hündin als auch den Welpen gegenüber.
Hündinnen, die nie Junge bekommen, leben übrigens genauso lange und sind auch nicht anfälliger für Krankheiten wie Zuchthündinnen. Der Glaube, daß eine einmal gedeckte Hündin weniger zu Gesäugeleistentumoren neige, gehört in die Kategorie »Aberglaube«. Und es gibt heutzutage Möglichkeiten, eine Trächtigkeit zuverlässig zu verhindern, so daß keiner gezwungen ist, ungewollten Nachwuchs in Kauf zu nehmen.

Geschlechts- und Zuchtreife

Diese beiden Begriffe werden oft verwechselt, aber Geschlechtsreife ist nicht gleichbedeutend mit Zuchtfähigkeit. Eine Hündin wird in der Regel zwischen dem siebten und zehnten, manchmal auch erst im zwölften Lebensmonat zum erstenmal läufig. Das ist ein Zeichen dafür, daß die Geschlechtsorgane jetzt soweit ausgewachsen sind, daß die Hormonproduktion begonnen hat und somit eine Trächtigkeit möglich ist.
Obwohl die Hündin also mit dem Auftreten der ersten Läufigkeit körperlich in der Lage wäre, Junge zu bekommen, sollte man sie in der ersten Hitze noch nicht dekken lassen, denn meist ist das Tier zu diesem Zeitpunkt noch nicht ganz ausgewachsen, und in vielen Fällen hat sich auch die »Psyche« noch nicht auf Junge eingestellt. Man sollte also wenigstens die zweite oder noch besser die dritte Läufigkeit abwarten, bis man einen Rüden zuläßt. Da Hündinnen im Normalfall alle fünf Monate läufig werden, heißt das, daß sie eineinhalb bis zwei Jahre alt sein müssen, bevor sie die Zuchtreife erreicht haben. Die Zuchtverbände haben das Alter, in dem eine Hündin zum erstenmal gedeckt werden darf, sowieso festgelegt,

Diese wunderschöne Colliehündin hat mit ihren zwei Jahren die Zuchtreife erreicht und kann jetzt das erste Mal Junge bekommen.

aber auch die Besitzer von nicht rassereinen Hündinnen sollten sich im Interesse ihrer Tiere an diese Empfehlungen halten. Mit dem ersten »Belegen«, also dem Dekken durch einen Rüden, sollte man aber auch nicht länger als bis zum Alter von etwa fünf bis sechs Jahren warten, denn sonst kann es unter Umständen zu Komplikationen bei der Geburt kommen. Eine Hündin kann zwar theoretisch immer, auch bis ins hohe Alter, Junge bekommen, aber ab acht oder neun Jahren sollte man ihr diese körperliche Anstrengung nicht mehr zumuten, sie also ab diesem Zeitpunkt nach Möglichkeit nicht mehr Mutter werden lassen.

Die Läufigkeit

Die meisten Hündinnen werden zweimal im Jahr läufig, viele in den Monaten Januar oder Februar und dann wieder August/September, aber natürlich gibt es individuelle Schwankungen. Bei der Läufigkeit, die insgesamt etwa 21 Tage dauert, lassen sich drei Phasen beobachten.
Es beginnt mit der sogenannten Vorbrunst (Proöstrus), die etwa neun Tage dauert. Rein äußerlich ist diese Phase am Anschwellen und Größerwerden der

Hündinnen werden zweimal im Jahr läufig und zeigen dann ein ausgeprägtes Interesse am anderen Geschlecht.

Schamlippen erkennbar. Die meisten Hündinnen zeigen auch Verhaltensänderungen, sie werden launisch und zeigen einen Hang zum Streunen. Aus der Scheide tritt zuerst wenig, später vermehrt ein schleimiges, mit Blut vermischtes Sekret. In dieser Zeit läßt die Hündin zwar noch keinen Rüden an sich heran, beginnt aber immer mehr, sich für das andere Geschlecht zu interessieren.
Diese Vorbrunst geht in die zweite Phase, die Hochbrunst (Östrus) über, die etwa acht bis zehn Tage dauert. In dieser Zeit schwellen die Schamlippen noch stärker an und sind aufgrund der vermehrten Durchblutung noch stärker gerötet. Es kommt zu Beginn des Östrus noch verstärkt zu schleimig-blutigen Absonderungen, die dann später in hellen Ausfluß übergehen. Ab dem neunten Tag der Läufigkeit zeigt die Hündin meist ganz klar ihre Bereitschaft zur Paarung, sie »steht« und beißt den Rüden nicht mehr weg. Zu diesem Zeitpunkt wandern die reifen Eizellen vom Eierstock in den Eileiter, wo sie auch befruchtet werden. Dann nisten sie sich in der Gebärmutter ein.
Nach dieser Phase folgt der Metöstrus, eine Nachphase, die etwa zwei Tage dauert und in der die äußeren Symptome der Läufigkeit abklingen. Die Schwellung der Schamlippen geht allmählich zurück, der Ausfluß wird geringer.
Soll die Hündin gedeckt werden, sollte dies zwischen dem 9. und 12./13. Tag der Läufigkeit geschehen. Und für Hundebesitzer, die keinen Nachwuchs wollen, heißt es in dieser Zeit, besonders gut auf die Hündin aufzupassen.

Gesundheit ist die wichtigste Voraussetzung

Neben der Tatsache, daß die Hündin alt genug, also körperlich und seelisch ausgewachsen sein sollte, ist ihr Gesundheitszustand entscheidend für eine komplikationslose Trächtigkeit und Geburt.
Nur gesunde Hündinnen, die frei von Mißbildungen und vererbbaren Krankheiten sind, sollten zur Zucht zugelassen werden. Als erstes sollten Sie als verantwortungsvoller Hundebesitzer prüfen, ob Ihre Hündin alle notwendigen Impfungen erhalten hat. Wenn Sie Ihre Hündin zu einem Deckrüden bringen wollen, wird dessen Besitzer sowieso auf einem Gesundheitsnachweis bestehen. (Die folgenden Empfehlungen gelten selbstverständlich für alle Hunde, nicht nur für zukünftige Hundemütter.)
Gegen die folgenden Krankheiten sollte jeder Hund durch Impfungen geschützt werden:

● Die ansteckende Leberentzündung (Hepatitis contagiosa canis) wird durch ein Virus verursacht. Fieber, Erbrechen und Durchfall sind die Symptome, und im Krankheitsverlauf kann es zu Leberschädigungen und zu Problemen mit dem Atem- und dem Verdauungsapparat kommen. Auch die Augen und manchmal sogar das Zentralnervensystem können in Mitleidenschaft gezogen werden. Oft sind die erkrankten Hunde nicht mehr zu retten. Da diese Krankheit vorwiegend junge Hunde trifft, ist es wichtig, die Welpen im Alter von acht und zwölf Wochen je einmal impfen zu lassen.

● Die Parvovirose, auch Katzenseuche genannt, macht seit Mitte der siebziger Jahre den Hundebesitzern schwer zu schaffen. Nach anfänglichen Fehlschlägen ist inzwischen ein Impfstoff entwickelt worden, durch den der Krankheit Einhalt geboten werden kann. Der Erreger ist ein Virus, das vorwiegend Welpen und Junghunde befällt. Erbrechen und blutiger Durchfall, die auffallendsten Symptome dieser Krankheit, können bereits innerhalb von vierundzwanzig Stunden zum Tod führen.

● Die Stuttgarter Hundeseuche, auch Weilsche Krankheit oder Leptospirose genannt, macht sich vor allem durch Apathie, Erbrechen, Fieber und Schwierigkeiten beim Atmen und manchmal beim Laufen bemerkbar. Mitunter wird auch eine Gelbsucht beobachtet. Wird die Krankheit rechtzeitig erkannt, kann man sie zwar heilen, aber besser ist ein jährlicher Impfschutz. Bei dieser Krankheit sollte man übrigens sehr vorsichtig im Umgang mit dem Hund sein, denn auch der Mensch kann infiziert werden.

● Die Staupe hat dank der ständigen Impfungen viel von ihrem Schrecken verloren. Die Krankheit befällt besonders junge Hunde, wenn sie nicht geimpft sind. Sie bekommen Fieber, sind teilnahmslos und bekommen einen zuerst wässrigen,

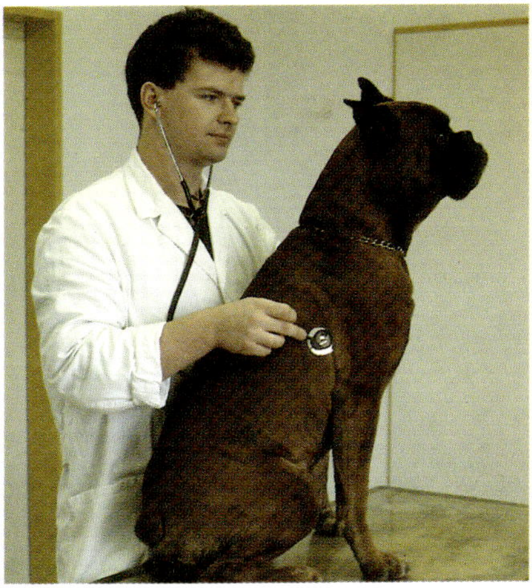

Ein Besuch beim Tierarzt ist wichtig, um sicherzustellen, daß die zukünftige Mutter auch ganz gesund ist.

dann teilweise eitrigen Ausfluß aus Mund und Nase. Aber auch Durchfall (die Darmform der Staupe) und Probleme beim Atmen (Lungenstaupe) kommen vor. Auch die sogenannte Nervenstaupe wird immer noch beobachtet und ist sicherlich die gefürchtetste Form dieser Krankheit. Bei jungen Hunden sind die Heilungsaussichten bei einer Staupeinfektion leider nicht gut.

● Auch dem Zwingerhusten kann neuerdings durch eine Impfung vorgebeugt werden. Es handelt sich um eine Infektionskrankheit, die schnell um sich greift und innerhalb kürzester Zeit ganze Zwingerbestände befallen kann. Bei rechtzeitigem Erkennen und Behandeln der Krankheit bestehen allerdings gute Heilungs-

chancen. Wie der Name der Krankheit schon sagt, sind die Symptome ein ständiger, rauher Husten.

● Zuletzt noch ein paar Worte zur Tollwutimpfung. Schon in Ihrem eigenen Interesse sollten Sie Ihren Hund gegen Tollwut impfen lassen. Tollwut ist eine Erkrankung, die unheilbar ist, sowohl für den Menschen als auch für das Tier. Und ein tollwutkranker Hund kann seinen Besitzer infizieren! Was sind dagegen schon ein paar Mark für eine Impfung?

Die Impfungen gegen all die eben erwähnten Krankheiten erledigt der Tierarzt und trägt sie in den Impfpaß des Tieres ein. Viele Impfungen müssen jährlich oder alle zwei Jahre wiederholt werden. Sprechen Sie also auch mit Ihrem Tierarzt, ob alle Impfungen noch wirksam sind oder vielleicht schon bald eine Auffrischung notwendig ist.

Bei dieser Gelegenheit sollten Sie auch gleich eine Kotprobe mitnehmen, deren Untersuchung dem Tierarzt Klarheit darüber gibt, ob die Hündin von Parasiten befallen und daher eine Wurmkur erforderlich ist.

Hündinnen, die erst vor kurzem eine schwere Krankheit überstanden haben, sei es, daß sie einen Unfall hatten oder eine Infektion durchgemacht haben, sollten wenigstens für ein halbes Jahr danach aus Gesundheitsgründen von der Zucht zurückgestellt werden. Junge zu bekommen ist für eine Hündin doch eine große körperliche Leistung, und dies sollte man ihr nur dann zumuten, wenn sie völlig gesund ist.

Ein Problem, das sich besonders den Besitzern von Rassehunden stellt, ist, daß

Schäferhunde haben oft Probleme mit ihren Hüftgelenken.

Sehr kleine Rassen, wie dieser Yorkshireterrier, haben oft Probleme beim Laufen.

Dalmatiner leiden oft unter einer vererbbaren Stoffwechselstörung.

Pudel neigen zu grauem Star und im Alter zu Herzfehlern.

bei vielen Rassen inzwischen nicht nur die Disposition zu bestimmten Krankheiten, sondern auch die Krankheiten selbst vererbt werden. Man sollte sich also vorher vergewissern (und auch den Rüden nach diesem Gesichtspunkt aussuchen), daß die Hündin weitgehend, das heißt, soweit man das überblicken kann, von Beschwerden und irgendwelchen Anlagen zu Krankheiten frei ist. Nähere Auskünfte und eine ausführliche Beratung gibt es bei den entsprechenden Zuchtvereinen.

Hier seien beispielhaft ein paar Rassen, von denen bekannt ist, daß sie die eine oder andere Veranlagung vererben, aufgeführt.

Dalmatiner leiden zum Beispiel oft unter einer Stoffwechselstörung, die im Laufe des Lebens zu Nierenerkrankungen und zu Nieren- und Blasensteinen führt.

Schäferhunde haben oft Probleme mit ihren Hüftgelenken. Auch eine bestimmte krankhafte Veränderung der Hornhaut des Auges wird oft beobachtet.

Von Pudeln weiß man, daß sie zum »grauen Star«, einer Augenerkrankung, die zur Erblindung führt, neigen (heute oft schon operativ behandelbar). Außerdem kommt es bei dieser Rasse vermehrt zu Herzfehlern, besonders im Alter.

Spaniels bekommen fast immer Probleme mit ihren Ohren, oftmals ist der Gehörgang zu eng, das ist eine angeborene Mißbildung.

Bei sehr kleinen Rassen kommt es oft vor, daß die Kniescheibe beim Laufen aus ihrer Position rutscht. Zwar springt sie meist wieder zurück, was aber ein eigenartiges, ruckartiges Hopsen mit sich bringt.

Aufgrund ihres langen Rückens neigen Dackel zu der gefürchteten Dackellähme.

Weil das untere Lid zu weit herabhängt, leiden Bernhardiner oft unter Augenentzündungen.

Dackel, überhaupt alle Hunde mit den berühmt kurzen Beinen, neigen zur sogenannten Dackellähme, die durch den Vorfall der Bandscheiben verursacht wird. Bei Pekinesen kommt es oft zu einem Augenleiden, meist durch die große Hautfalte neben der Nase bedingt.
Und Bernhardiner leiden oft an Augenentzündungen, weil ihnen das untere Lid zu weit herabhängt.

Die Wahl des Rüden

Gehen wir zunächst einmal davon aus, daß planvoll gezüchtet werden soll und die Hündin einen Stammbaum besitzt.
Besitzer von Rassehunden, die sich mit der Zucht befassen wollen, sollten sich einem entsprechenden Rassezuchtverein anschließen. Dort kann man sich über die jeweiligen Zuchtbestimmungen informieren und über den Club einen passenden Zuchtpartner für die Hündin finden. Erbanlagen wie Körperbau und Charakter müssen berücksichtigt werden, das heißt, Rüde und Hündin sollten von der »Blutlinie« her so zueinander passen, daß gesunde und rassetypische Nachkommen zu erwarten sind. Es ist deshalb unbedingt nötig, mit den Zuchtexperten in den Vereinen Verbindung aufzunehmen, die können Sie optimal beraten.
Bei einer Mischlingshündin ist es nicht ganz so schwierig, einen passenden Rüden zu finden. Aber auch wenn Sie den zukünftigen Vater noch so sorgfältig aussuchen – seien Sie immer auf Überraschungen gefaßt, denn natürlich ist nicht vorauszusehen, welche Erbanlagen

von welchem Elternteil »durchschlagen«. Und eine Pudel-Dackel-Mischung sieht ja vielleicht ganz drollig aus, ist aber nicht jedermanns Geschmack. Zudem können sich unerwünschte Erbanlagen von beiden Elternteilen (Pudel neigen zu Grauem Star und Dackel zu Dackellähme) bei diesen Nachkommen auswirken. So daß Sie unter Umständen auf Ihrem Wurf junger Hunde sitzenbleiben können. Eine Mischlingshündin decken zu lassen ist, was die spätere Unterbringung der Welpen angeht, immer ein Risiko, und jeder Hundebesitzer sollte sich diese Entscheidung gut überlegen. Soll es aber unbedingt sein, dann achten Sie darauf, daß Hündin und Rüde in etwa gleich groß sind. Am besten wäre natürlich, die Hündin mit einem Rüden zu paaren, der jemandem aus Ihrem Bekanntenkreis gehört, denn dann kennen Sie den Charakter des zukünftigen Vaters und können auch sicher sein, daß er gesund ist, einen Impfschutz hat und regelmäßig entwurmt wird.

Bei der Wahl des zukünftigen Vaters sollte sich der Laie von einem Zuchtexperten beraten lassen.

Die Paarung

Zwischen dem 9. und 12./13. Tag der Läufigkeit »steht« die Hündin, das heißt, sie ist bereit, sich von einem Rüden decken zu lassen, und läuft bei einer Annäherung nicht weg. Für diese Zeit sollten Sie also mit dem Halter des Rüden einen Termin ausgemacht haben. (Wer ganz sicher gehen will, läßt den Deckzeitpunkt vom Tierarzt bestimmen.)

Der Deckakt spielt sich in der Regel auf dem Territorium des Rüden ab. Sie müssen also mit Ihrer Hündin zum Deckrüden, was unter Umständen eine weite Reise mit sich bringen kann. Der Rüde wird die ihm zugeführte Hündin, die ihre Deckbereitschaft dadurch signalisiert, daß sie die Rute hoch beziehungsweise seitwärts stellt, freudig begrüßen.

Im Normalfall akzeptiert die Hündin den Rüden, und beide beschnuppern sich und nehmen Kontakt auf.

Auch bei Tieren spielen Sympathie und Antipathie durchaus eine Rolle, und so kann es vorkommen, daß eine Hündin den ihr zugedachten Partner zunächst ablehnt. Man muß dann viel Geduld haben, aber wenn die Hündin wirklich »steht«,

Ein Rüde bespringt eine Hündin.

klappt es nach einer Weile meist doch. Wenn nicht, müssen Sie es bei der nächsten Läufigkeit erneut versuchen oder einen anderen Partner auswählen.
Wenn es die Witterung zuläßt, findet die Paarung im Freien statt, aber eine sichere Einzäunung muß vorhanden sein, denn der Duft einer läufigen Hündin ruft sehr schnell unerwünschte Nebenbuhler auf den Plan.
Das Vorspiel kann lange dauern, man muß also Geduld haben. Aber irgendwann klappt es dann doch, und der Rüde bespringt die Hündin, wobei der Penis in die Scheide eindringt. Während des Deckaktes vergrößern sich die beiden Schwellkörper neben dem Penisknochen. Dadurch wird die Scheide der Hündin verschlossen und ein Abfließen der Spermien verhindert, also die Wahrscheinlichkeit der Befruchtung erhöht.
Es braucht manchmal eine ganze Zeit, bis die Schwellung abklingt, so daß die Hunde auch nach dem Ende des eigentlichen Deckaktes noch durch den Penis verbunden bleiben und sich nicht voneinander lösen können. Das ist das sogenannte »Hängen«, das bei Hunden ganz normal ist. Dieser Zustand kann von fünf Minuten bis zu einer halben Stunde dauern. Da der Rüde nach dem Ende des Deckaktes absteigt und einen Hinterlauf überhebt, stehen die Tiere in dieser Phase Hinterteil an Hinterteil. Falls Ihre Hündin dabei unruhig wird, beruhigen Sie sie und nehmen sie, wenn erforderlich, an die Leine, damit sie sich nicht gewaltsam vom Rüden trennt.
Auf keinen Fall sollte man – auch nicht bei einer ungewollten Paarung – Rüde und

Das sogenannte Hängen, bei dem Rüde und Hündin oft über längere Zeit mit den Hinterteilen zusammenhängen, ist bei Hunden ganz normal.

Hündin gewaltsam trennen, da es für beide Hunde schmerzhaft ist und zu Verletzungen führen kann.
Auch wenn ein Rüde einmal nicht »hängt«, kann trotzdem eine normale Befruchtung stattgefunden haben. Es ist also kein Zeichen dafür, daß »nichts passiert« ist.
Auf der anderen Seite bietet ein gelungener Deckakt nicht unbedingt die Gewähr, daß die Hündin aufgenommen hat, deshalb sollte man sie zur Sicherheit am nächsten Tag noch einmal zum Rüden bringen.
Und noch etwas: Auch wenn Ihre Hündin gedeckt wurde, müssen Sie sie bis zum vollständigen Abklingen der Läufigkeit gut unter Kontrolle halten, denn sonst kann es durchaus passieren, daß sie noch einen zweiten Rüden erhört und Sie dann unter Umständen mit ungeplanten Welpen überrascht.

Scheinträchtigkeit

Die Scheinträchtigkeit ist weder eine Krankheit noch eine Komplikation, sondern ein ganz natürlicher Vorgang. Jede Hündin wird nämlich, wenn sie nicht gedeckt wird oder nicht aufgenommen hat, scheinträchtig. Sie verhält sich dann so, als ob sie tatsächlich trächtig wäre, und auch der Hormonhaushalt stellt sich entsprechend um. Nach etwa 63 Tagen – also der Zeit, die auch eine wirkliche Trächtigkeit dauern würde – haben die meisten scheinträchtigen Hündinnen etwas Milch in den Zitzen, und der Nesttrieb macht sich bemerkbar. Bei manchen Hündinnen ist das so stark ausgeprägt, daß man sie sogar als Ammen für fremde Welpen verwenden kann. Bei anderen Hündinnen dagegen ist von all dem kaum etwas zu bemerken.

Ist die Scheinträchtigkeit einer Hündin so stark ausgeprägt, daß sie sich Ersatzkinder wie Puppen oder ähnliches ins Nest holt und diese »Jungen« sogar eifersüchtig bewacht oder das Nest gar nicht mehr verlassen will, so muß der Besitzer eingreifen. Am besten alles Nestmaterial und Spielzeug aus der Reichweite der Hündin entfernen und sie durch lange Spaziergänge – auch wenn sie zunächst wenig Lust dazu zeigt – ablenken.

Hilft das alles nichts, sollte man den Tierarzt um Rat fragen, der das Problem im Notfall mit der Gabe von Hormonen lösen kann.

Nachwuchs unerwünscht

Jeder Besitzer einer Hündin sollte wissen, wie er eine unerwünschte Trächtigkeit des Tieres verhindern kann.

Der beste und sicherlich gesündeste Weg für die Hündin ist aufpassen! Und zwar vom ersten bis zum letzten Tag der Läufigkeit! Ich habe schon einige Würfe gesehen und betreut, wo die Hündin zu einem Zeitpunkt gedeckt wurde, als eigentlich schon nichts mehr hätte passieren dürfen, nämlich am 21. Tag. Eine kleine Unachtsamkeit auch am Ende der Läufigkeit – und zwei Monate später hat man unter Umständen einen reichen Hundesegen. Rüden und auch Hündinnen sind, das muß man wissen, in dieser Zeit nämlich sehr erfinderisch. Kaum ein Zaun oder Fenster ist hoch genug, um sie zurückzuhalten, ja sogar durch Zwingerdraht hindurch kam es schon zu Paarungen.

Zum anderen gibt es die Möglichkeit, der Hündin die »Pille« beziehungsweise die sogenannte Antiläufigkeitsspritze zu geben. Aber auch wenn viele Hündinnen diesen Eingriff in ihren Hormonhaushalt problemlos vertragen – dieses Verfahren ist nicht ganz ohne Risiko und kann bei manchen Tieren zu Komplikationen führen.

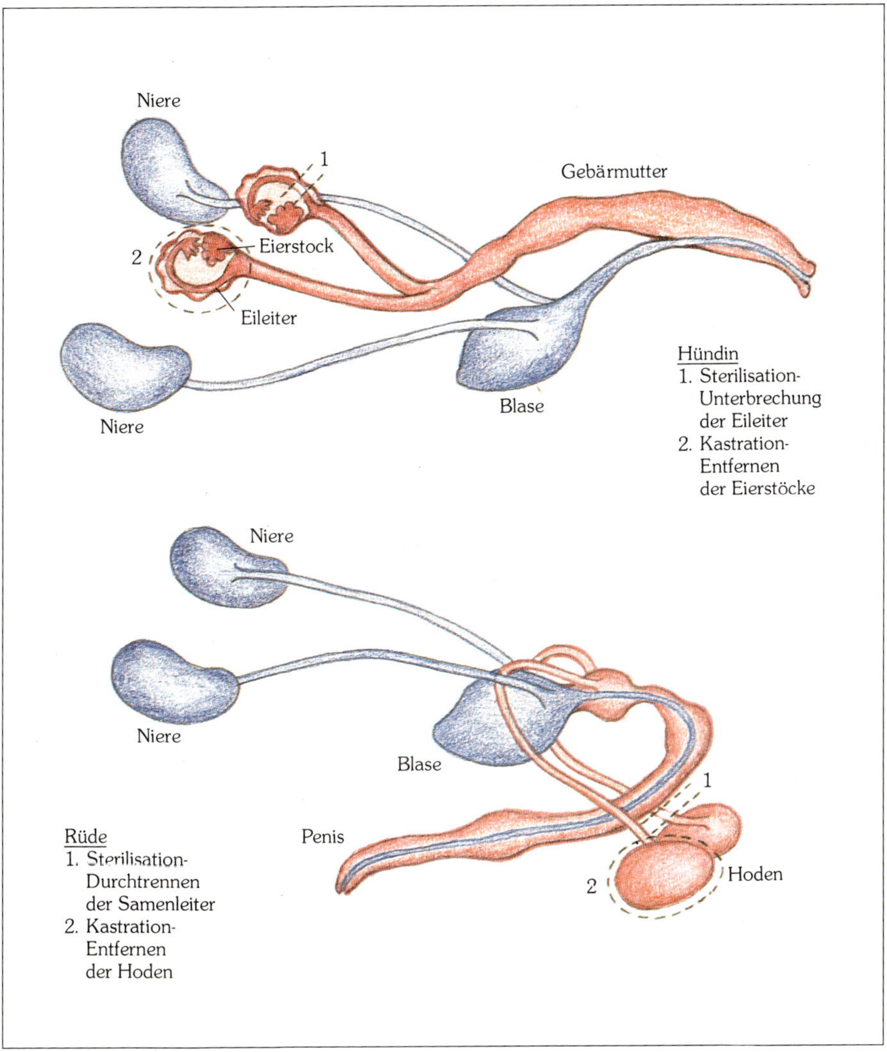

Schematische Darstellung von Sterilisation und Kastration bei Rüde und Hündin. Bei der Kastration der Hündin wird neben den Eierstöcken meist auch die Gebärmutter entfernt, damit es nicht zu einer Gebärmuttervereiterung kommen kann.

Abgesehen davon, daß die Hündinnen manchmal ihr Verhalten etwas ändern und unter Umständen Appetit und auch Durst zunehmen können, was dann zum Dickwerden führt, kann es zu der gefürchteten Gebärmutterentzündung oder einer Gebärmuttervereiterung (Pyometra) kommen. Das kann am falsch gewählten Zeitpunkt der Hormongaben liegen. Oft helfen hier nur starke Dosen von Antibiotika oder eine Operation.

Der Vorteil von Hormongaben ist allerdings, daß die Hündin in der Regel nach dem Absetzen des Medikaments ohne Probleme gedeckt werden kann.

Will man überhaupt keine Jungen von seiner Hündin und ist einem die Läufigkeit zweimal jährlich lästig, sollte man überlegen, ob man das Tier nicht besser kastrieren läßt.

Der Unterschied zwischen einer Kastration und einer Sterilisation liegt in der Verfahrensweise, wie die Operation durchgeführt wird. Entfernt man beim Rüden beide Hoden, so spricht man von Kastration, unterbindet, verödet oder durchtrennt man lediglich die Samenleiter, so nennt man das eine Sterilisation. Heute werden bei einer Hündin im Falle einer Kastration operativ die Eierstöcke und die Gebärmutter herausgenommen, wohingegen man bei einer Sterilisation die Eileiter verödet, unterbunden oder abgetrennt werden.

Im ersten Fall, der Kastration, wird der Geschlechtstrieb völlig ausgeschaltet, weil die entsprechenden hormonproduzierenden Drüsen entfernt werden, im zweiten Fall, der Sterilisation, ist nur die Zeugungs- oder Empfängnisfähigkeit betroffen. Eine Hündin wird also weiterhin läufig und ein Rüde kann und will eine Hündin decken, aber es kommt zu keiner Befruchtung mehr. Die Sterilisation ist also ein Eingriff, der sich nicht auf das sexuelle Verhalten des Hundes auswirkt. Kastrierte Tiere werden in der Regel ruhiger und – manchmal gerade bei Rüden wichtig – weniger aggressiv gegenüber Artgenossen, allerdings nur, wenn diese Aggressivität sexueller Natur war. Bei von Natur aus bissigen und aggressiven Hunden hilft auch eine Kastration nichts, denn die hat keinen Einfluß auf den Charakter, sondern nur auf den Sexualtrieb.

Sollte es trotz aller Vorsicht doch einmal zu einem ungewollten Deckakt gekommen sein, kann auch hier der Tierarzt helfen und durch entsprechende Hormonspritzen, die am 3., 5. und 7. Tag nach dem Deckzeitpunkt gegeben werden, das Malheur beseitigen. Das geht auch mit Hilfe einer einmaligen Injektion entweder am 4. oder 5. oder 6. Tag nach dem Deckakt. Da diese Abtreibungen aber für das Tier nicht ungefährlich sind, sollte man sich, will man keinen Nachwuchs riskieren, zur Kastration der Hündin entschließen.

Die werdende Hundemutter

Die Zeit der Trächtigkeit

Gehen wir einmal davon aus, daß eine Befruchtung stattgefunden hat und Ihre Hündin trächtig ist. Nun müssen Sie noch etwa neun Wochen Geduld haben, bis die Welpen geboren werden. Eine normale Trächtigkeit dauert nämlich in der Regel ziemlich genau 63 Tage. Trägt die Hündin besonders viele Welpen aus, kann der Geburtstermin auch ein bis zwei Tage früher liegen. Zeigen sich auch nach dem 65. Tag keine Anzeichen für eine bevorstehende Geburt, sollten Sie den Tierarzt verständigen! Es ist also unbedingt notwendig, daß Sie anhand des Decktermins den voraussichtlichen Geburtstermin bestimmen und im Auge behalten.

Die Entwicklung der Foeten findet in den Gebärmutterhörnern statt.

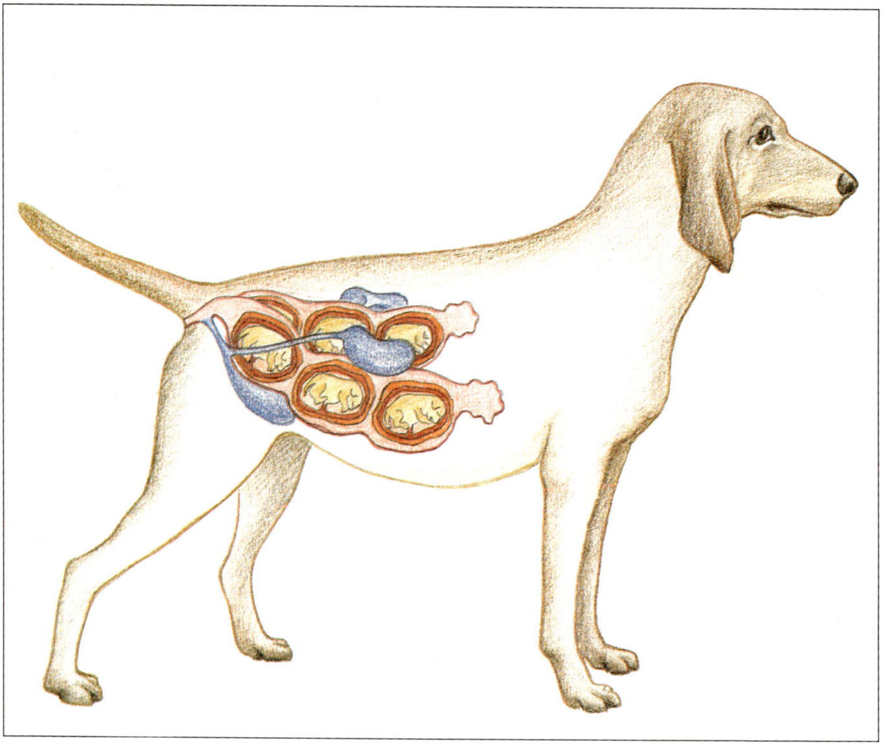

Äußerlich merkt man der werdenden Hundemutter die ersten zwei bis drei Wochen keine Veränderung an, und Sie können Sie wie gewohnt ernähren und bewegen. Ab der vierten Woche kann es sein, daß die Hündin ein verstärktes Ruhebedürfnis hat und auch eine vorübergehende Appetitlosigkeit ist ganz normal.
Ab der vierten bis fünften Woche fängt der Leib der Hündin langsam an, sich zu runden, und die Zitzen treten stärker hervor. Ab diesem Zeitpunkt braucht die trächtige Hündin dann langsam Schonung. Allzu ausgedehnte Spaziergänge bekommen ihr nicht mehr, und besonders wilde Tobereien sollte man verhindern. Die Ernährung wird jetzt auch allmählich umgestellt und etwa in der sechsten bis siebten Woche der Trächtigkeit ist noch einmal eine vorsorgliche Entwurmung angebracht. Die Bewegungen der Kleinen können Sie – durch die Bauchdecke der Mutter – so etwa gegen Ende der siebten Woche fühlen, und sie werden immer lebhafter, je näher der Geburtstermin rückt.

Mögliche Komplikationen

Komplikationen während der Trächtigkeit gibt es eigentlich relativ selten. Höchste Vorsicht ist immer dann geboten, wenn die Hündin während der Trächtigkeit einen Unfall hat oder an einer Infektionskrankheit leidet. Dies kann immer Auswirkungen auf die Entwicklung der Foeten haben, und in diesen Fällen sollten Sie auf jeden Fall einen Tierarzt zu Rate ziehen. Ein Alarmzeichen, bei dessen Auftreten sofort der Tierarzt aufgesucht werden muß, ist blutiger oder übelriechender Scheidenausfluß.
Eine auf Mangelernährung und eine dadurch verursachte Stoffwechselstörung zurückzuführende Erkrankung während der Trächtigkeit (und auch in der Phase des Säugens) ist die Eklampsie, die sich in hohem Fieber und Krämpfen äußert. In einem solchen Fall ist eine sofortige tierärztliche Versorgung erforderlich, da sonst das Leben der Mutter und der Ungeborenen gefährdet ist.

Die richtige Ernährung

Ab der fünften Trächtigkeitswoche sollte man die Hündin besonders sorgfältig ernähren. Wird sie nämlich in dieser Zeit unterversorgt – das betrifft besonders die Gabe von Mineralstoffen, Spurenelementen und Vitaminen –, hat sie nach dem Werfen Probleme, ausreichend Milch für ihre Jungen zu produzieren. Dieses Defizit ist dann auch nicht mehr durch eine auch noch so gute Fütterung in der Säugeperiode auszugleichen.
Als Faustregel kann man sagen, daß kleine Hunde ihren Energiebedarf nach der fünften Trächtigkeitswoche um rund 30% steigern, große Hunde um rund 50%. Besonders ausgewogene Gaben von Kalzium sind jetzt wichtig, um so der gefürchteten Eklampsie vorzubeugen. Es ist fer-

Diese Schäferhündin steht kurz vor der Geburt ihrer Jungen.

ner darauf zu achten, daß genügend Kohlenhydrate gefüttert werden, die mindestens 20–25% des Futters ausmachen sollten.
Auch eine ausgewogene Eiweißzufuhr ist wichtig. Man kann seiner Hündin zwei bis drei weichgekochte Eier pro Woche geben und, wenn sie es verträgt, auch etwas Vollmilch! Auch Quark und Käse sind gut.
Frische Rinder- oder Kalbsleber (keine Schweineleber!) sollte einmal wöchentlich auf dem Speiseplan stehen. Auch Gemüse und Salat sind zur Fütterung der trächtigen Hündin gut geeignet. Außerdem fördern diese Ballaststoffe die Verdauung, auf die man bei einer trächtigen Hündin ebenfalls achten muß. Hat sie Schwierigkeiten mit dem Kotabsatz, gibt man ein bis zwei Teelöffel (je nach Größe des Hundes) Paraffinöl oder auch einfaches Salatöl unter das Futter, das behebt meist die Probleme. Das Futter muß leicht verdaulich sein und gegen Ende der Trächtigkeit auf vier bis fünf Mahlzeiten pro Tag verteilt werden, um den Organismus nicht zu sehr zu belasten!
Aber überfüttern Sie Ihr Tier nicht, das kann sonst zu Schwierigkeiten bei der Geburt führen. Am besten sprechen Sie mit Ihrem Tierarzt über die richtige Ernährung für Ihre Hündin.

Der Besuch beim Tierarzt

Auch wenn die Trächtigkeit normal und ohne Komplikationen verläuft, sollten Sie spätestens zwei Wochen vor dem errechneten Geburtstermin mit ihrer Hündin zum Tierarzt gehen. (Kotprobe nicht vergessen!) Der wird ihr, wenn erforderlich, eine Wurmkur verschreiben und kann gleich überprüfen, ob Komplikationen bei der Geburt zu erwarten sind. Das ist nämlich bei vielen, besonders den kleineren Rassen gar nicht so selten. In diesen Fällen sollten Sie mit dem Tierarzt eine Vereinbarung treffen, damit er, falls es Probleme gibt, auch rechtzeitig zur Stelle sein kann.

Nun wird es ernst

Vorbereitungen auf die Geburt

Etwa zwei Wochen vor dem errechneten Geburtstermin sollten Sie anfangen, die nötigen Vorbereitungen zu treffen. Ganz wichtig ist die Wurfkiste, in der die Geburt stattfinden wird und die Welpen mit ihrer Mutter die erste Zeit leben werden.

Als Wurflager eignet sich am besten eine stabile, oben offene Holzkiste. Die Größe richtet sich nach der Größe der Hündin. Sie soll bequem ausgestreckt darin liegen und sich an den Seitenwänden mit den Füßen abstemmen können. Die Höhe der Seitenwände muß so gewählt werden, daß die Welpen nicht herausfallen oder -krabbeln können. Damit die Hündin – auch mit einem schweren Gesäuge – bequem ein- und aussteigen kann, braucht die Kiste eine Einstiegsöffnung. (Wie eine solche Wurfkiste aussehen kann, zeigt die Zeichnung.)

Um die Kiste leicht reinigen zu können, empfiehlt es sich, nur glattgehobelte Bretter, die mit einem ungiftigen Lack versiegelt wurden, zu verwenden.

Bei einem Kellerraum mit Steinfußboden ist es wichtig, daß die Kiste auf Füßen steht, also nicht direkt auf der Erde, damit die Welpen nicht unter Bodenkälte zu leiden haben.

Als Auspolsterung hat sich bei großen Hunden ein mit Streu gefüllter Sack, bei kleinen ein festes Kissen bewährt. Ein abwaschbarer Überzug aus Plastik oder Wachstuch ist aus hygienischen Gründen wichtig.

Wenn Sie jetzt noch eine Wolldecke bereitlegen, mit der Sie in der ersten Zeit die Kiste bedecken können, damit die Kleinen nicht auskühlen und gegen zu grelles Licht geschützt sind, haben Sie das Wurflager optimal vorbereitet. Idealerweise haben Sie einen Extraraum zur Verfügung, in den die Wurfkiste gestellt wird. Der Fußboden sollte leicht zu reinigen sein, denn wenn die Welpen erst einmal anfangen herumzulaufen, hinterlassen sie überall ihre großen und kleinen Geschäfte.

Natürlich muß das Kinderzimmer auch heizbar sein, denn die Kleinen brauchen in der ersten Zeit eine konstante Raumtemperatur von 20 bis 22° C.

Da die Hündin während der Geburt und auch danach nicht allein sein will, sollte das »Kinderzimmer« nicht im hintersten Winkel Ihres Hauses liegen, sondern schnell erreichbar sein.

Ist die Wurfkiste fertig und steht an ihrem vorgesehenen Platz, sollten Sie die Hündin mit diesem Lager vertraut machen, um sicherzugehen, daß sie sich dort auch wohlfühlt. Ob sie das Lager akzeptiert, zeigt sie mit ihrem Verhalten. Legt sie sich ohne Zögern in die Kiste und fängt vielleicht auch noch an, durch eifriges Scharren eine Mulde zu schaffen, hat sie in der Regel das Wurflager angenommen.

Für die bevorstehende Geburt sollten Sie dann noch folgende Dinge bereitlegen:

– Leine, Halsband und eine Taschenlampe brauchen Sie, da die Hündin kurz vor der Geburt unbedingt ins Freie will, um sich zu lösen. Dazu sollten Sie sie immer an die Leine nehmen. Damit Sie auch nachts die Hündin, die unter Umständen schon die ersten Wehen hat, ständig beobachten können, ist eine Taschenlampe nötig.

Die Wurfkiste sollte so groß sein, daß die Hündin mit ausgestreckten Beinen bequem auf der Seite liegen kann. Da es manchmal vorkommt, daß eine Hündin ein Junges aus Versehen an der Wurfkistenwand erdrückt, kann man bei jungen und unerfahrenen Müttern eine abgerundete Leiste rings um die Wurfkistenwand anbringen.

– Ein bruchsicheres Fieberthermometer, um die Temperatur der Hündin messen zu können.
– Jede Menge kochbare Tücher, mit denen das Wurflager gepolstert wird und die während der Geburt ständig erneuert werden müssen.
– Frotteehandtücher, mit denen Sie die Kleinen, falls es erforderlich ist, selbst trokkenreiben können.
– Einen Korb oder Karton, in den eine mit einem Handtuch umwickelte Wärmflasche paßt, in dem Sie die Kleinen, falls nötig, während der Geburt der Geschwister warmhalten können.
– Papier- oder Leinentücher, um eventuell die Näschen der Babys zu säubern.
– Ein mildes Desinfektionsmittel.

– Klemmen zum Abklemmen der Nabelschnur (beim Tierarzt besorgen).
– Eine kleine desinfizierte Verbandschere zum Durchtrennen der Nabelschnur.
– Eine genaue Waage zum Wiegen der Kleinen.
– Uhr, Papier und Bleistift, um Verlauf und Dauer der Geburt zu protokollieren.
– Hundebabynahrung und ein bis zwei entsprechende Fläschchen (gibt es im Zoofachgeschäft).
– Telefonnummer des Tierarztes.

So gerüstet, können Sie der Geburt mit Ruhe entgegensehen. In den letzten Tagen vor der Geburt sollten Sie die Hündin Tag und Nacht nicht mehr aus den Augen lassen. Am besten lassen Sie sie bei sich im Schlafzimmer schlafen oder – falls Sie das nicht wollen – schlagen Ihr Nachtlager vorübergehend im Hundekinderzimmer auf.

Falls Sie sich den Aufregungen der Geburt nicht allein gewachsen fühlen, hören Sie sich doch in Ihrem Bekanntenkreis um, ob es nicht jemanden gibt, der da Erfahrung hat und Ihnen mit Rat und Tat zur Seite stehen kann. Ein Besitzer, der aufgeregt oder ängstlich ist, ist für die Hündin nämlich keine Hilfe, sondern nur eine zusätzliche Belastung.

Die Wehen setzen ein

Ein bis zwei Tage vor der Geburt fallen die Flanken der Hündin ein, sie wird zunehmend unruhig, ist mit ihrem Nestbau beschäftigt und versucht unter Umständen sogar, im Garten durch Scharren und Kratzen ein Lager zu schaffen. Auch zeigt sie vermehrt den Drang, sich zu lösen, also Blase und Darm zu entleeren. Sie will ständig raus und dann sofort wieder nach Hause – eine für den Besitzer ziemlich anstrengende Zeit.

Um genau zu wissen, ob die Geburt kurz bevorsteht, sollten Sie ab dem 56. oder 57. Tag der Trächtigkeit täglich einmal die Temperatur messen. Normalerweise liegt sie bei 38 bis 38,5° C. Ein bis zwei Tage vor der Geburt fällt die Temperatur um ein bis zwei Grad auf etwa 36° C ab. Ein weiteres Anzeichen der bevorstehenden Geburt ist, daß die Hündin die Nahrung verweigert, oft auch noch nicht einmal mehr trinken will.

Und trotzdem kann es jetzt noch fast einen Tag bis zur Geburt dauern. Die Vulva schwillt in dieser Zeit immer mehr an, und ein zähflüssiges, später auch blutig-schleimiges Sekret tritt aus, das die Hündin aber meist sofort ableckt. Und plötzlich haben dann auch die Wehen angefangen. Nun heißt es aufpassen, in welchen Zeitabständen die Wehen auftreten. Eröffnungswehen können bis zu zwölf Stunden dauern, was eine lange Nachtwache für den Besitzer bedeuten kann. Die Wehe erkennt man meist daran, daß die Hündin hechelt und schwer atmet. Anschließend scharrt und kratzt sie dann wieder in ihrem Wurflager.

Zunächst kommen die Wehen in unregelmäßigen Abständen mit längeren und auch kürzeren Pausen. Allmählich werden die Wehen dann regelmäßiger und die Pausen dazwischen kürzer. Die Temperatur steigt kurz vor der Geburt wieder auf 38° C an. Tut sich jetzt in den nächsten vier bis sechs Stunden gar nichts, sollte man unbedingt den Tierarzt zu Rate ziehen, denn unter Umständen ist ein Kaiserschnitt nötig!

Anhaltendes Hecheln der Hündin kündigt den Beginn der Geburt an.

Die Geburt

Normalerweise werden die Wehen aber jetzt immer stärker und die Abstände kürzer, es folgen Preßwehen, und die Austreibung der Frucht beginnt.
Zuerst reißt die Fruchtblase, was am Abgang des Fruchtwassers zu erkennen ist. Anschließend erscheint der Welpe, der noch von einem feinen Häutchen, der sogenannten Eihaut, umgeben ist. Dieses Häutchen beißt die Hündin normalerweise sofort auf, damit das Kleine nicht erstickt. (Tut sie das nicht, muß der Mensch helfend eingreifen, näheres dazu siehe Seite 31 f.).
Dann leckt die Hündin das Neugeborene trocken und befreit es so nicht nur von der Eihaut, sondern regt auch Kreislauf und Atmung an, das Junge beginnt sich zu regen und zu schreien.
Die Nachgeburt, die ein blaugrünes bis graues Aussehen hat, kommt meist zusammen mit dem oder kurz hinter dem Welpen zum Vorschein. Diese Nachgeburt wird von der Hündin in der Regel aufgefressen. Auch das Abnabeln besorgt die Hündin normalerweise allein – die Nabelschnur wird vorsichtig durchgekaut, wobei sich die Wundränder von alleine schließen. Manche Hunde sind aufgrund einer Zahnfehlstellung nicht in der Lage, ihre Welpen selbst abzunabeln, so daß auch hier der Mensch helfend eingreifen muß (Näheres dazu siehe Seite 31 f.), und gelegentlich kommt es auch vor, daß die Hündin aus Unerfahrenheit oder Übereifer die Welpen zu kurz abnabelt oder sogar anfängt, den Bauch des Welpen anzufressen. Hier muß der Besitzer der Hündin

Die Hundegeburt: Das erste Junge kommt, noch von der Fruchthülle umschlossen, aus der Scheide.

Die Mutter beißt die Fruchthülle auf und leckt das Junge trocken.

ebenfalls eingreifen und das Abnabeln selbst übernehmen. (Das stehengebliebene Stück Nabelschnur trocknet übrigens ein und fällt nach einigen Tagen von selbst ab!)

Wenn Sie den Verlauf der Geburt protokollieren, was – falls Komplikationen auftreten – für den Tierarzt eine große Hilfe sein kann, vergessen Sie nicht, auf die Nachgeburten zu achten! Für jeden Welpen muß auch eine Nachgeburt vorhanden sein. (Die Nachgeburt besteht aus dem sogenannten Mutterkuchen, auch Placenta genannt, die während der Trächtigkeit der Versorgung der Foeten diente.) Bleibt eine Nachgeburt in der Gebärmutter, kann das zu einer schlimmen Infektion führen, an der das Muttertier sogar sterben kann. Also auf jeden Fall die Nachgeburten zählen und sofort den Tierarzt verständigen, wenn eine fehlt.

Das erste Junge wird, sobald es saubergeleckt und abgenabelt ist, zum Bauch der Mutter an die Zitzen streben. Ist die Hündin nicht zu unruhig – manche Tiere stehen während des Geburtsverlaufes häufig auf und drehen sich in der Wurfkiste –, lassen Sie ihr das Junge. Nur wenn Sie den Eindruck haben, die Mutter könnte es in ihrer Aufregung verletzen, setzen Sie es in den bereitgestellten Korb oder Karton auf die mit einem Handtuch umwickelte Wärmflasche. Stellen Sie den Korb aber unbedingt in Sichtweite der Hündin, damit sie sich nicht aufregt. Wenn irgend möglich, sollten Sie vor dem Erscheinen des zweiten Welpen verschmutzte Tücher entfernen und das Wurflager neu auslegen.

Nach und nach kommen in Abständen von 10 Minuten bis zu einer Stunde die anderen Welpen zur Welt, mal mit dem

Das erste Junge ist versorgt und hat schon den Weg zur Milchquelle gefunden, der zweite Welpe wird gerade geboren.

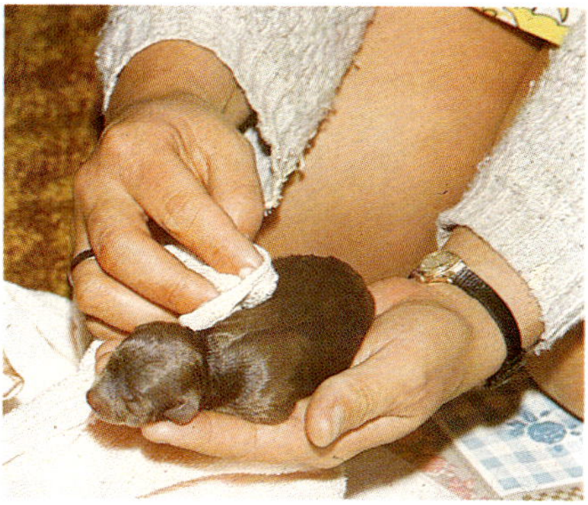

Wenn die Mutter zu schwach oder mit der Geburt des nächsten Welpen zu beschäftigt ist, muß der Besitzer das Trockenreiben der Jungen übernehmen.

Kopf, mal mit den Hinterbeinen zuerst. Steckt ein Welpe einmal quer im Geburtskanal, müssen Sie sofort den Tierarzt verständigen, denn dann ist schnelles Eingreifen erforderlich.

Bei einem normalen Geburtsverlauf wird die Hündin die Welpen versorgen und die Kleinen schon trinken lassen, während ihre Geschwister noch geboren werden. Sind alle Jungen geboren, liegt die Hündin entspannt in der Seitenlage, und die Kleinen nuckeln zufrieden an den Zitzen. Sie als Hundebesitzer haben dann unter Umständen eine durchwachte Nacht hinter sich – so eine Hundegeburt kann durchaus acht bis zehn Stunden und länger dauern – und Ihre Ruhe genauso verdient wie Mutter und Kinder. Bevor Sie die ganze Gesellschaft aber allein lassen, muß die Hündin die Möglichkeit bekommen, zu trinken (zum Beispiel lauwarmes Wasser mit etwas Traubenzucker) und sich zu lösen. Während die Hündin ihr Geschäft erledigt, sollte die Wurfkiste noch einmal mit sauberen Tüchern ausgelegt werden.

Mögliche Komplikationen

Die häufigste Komplikation bei einer Hundegeburt ist, daß die Mutter – sei es aus Unerfahrenheit oder aufgrund sonstiger Probleme wie fehlerhafte Zahnstellungen – die Welpen nicht selbst säubern und abnabeln kann. Hier müssen Sie als Besitzer schnell und sachkundig eingreifen, da sonst das Leben der Welpen in Gefahr ist. Die jungen Hunde kommen verpackt in der Eihaut zur Welt, und das wichtigste ist, sie von dieser Verpackung zu befreien, weil sie sonst nicht atmen können.

Beim Abnabeln setzt man die Klemme an die Nabelschnur und schneidet diese 3–4 cm vom Bauch entfernt ab. Die Klemme kann nach etwa 10 Minuten, wenn die Wunde nicht mehr blutet, entfernt werden.

Zerreißen Sie die Fruchthülle vorsichtig mit den Fingern am Kopf des Jungen, und ziehen Sie die Haut ab. Das Näschen des Neugeborenen wird mit einem Papiertaschentuch oder einem dünnen Leinentüchlein vorsichtig gesäubert, damit es atmen kann. Anschließend wird das Kleine mit einem Handtuch ganz vorsichtig und sanft trockengerieben.

Die Nabelschnur massiert man sanft mit Daumen und Zeigefinger in Richtung des Bauches und drückt sie mit der Klemme ab. Ein etwa drei Zentimeter langes Stück läßt man stehen, wenn man die Nabelschnur mit der sauberen Schere durchschneidet. Die Klemme bleibt noch etwa zehn Minuten sitzen, um die Schnittenden zusammenzudrücken, bis die Wunde nicht mehr blutet. (Das stehengelassene Ende trocknet bald ein und fällt nach einigen Tagen von selbst ab.) Anschließend setzt man den Welpen an den Bauch und das Gesäuge der Mutter. Wenn es aber vorkommt, daß die Hündin ihre Jungen nicht

annimmt und nicht saugen läßt, hilft nur eines: Die Jungen zusammen in eine Kiste setzen, damit sie sich gegenseitig wärmen, und sie auf eine mit einem Tuch umwickelte Wärmflasche oder auf ein auf kleinste Stufe gestelltes Heizkissen legen. (Aber Vorsicht, nicht alle Heizkissen lassen sich ausreichend regulieren, und dann kann es vorkommen, daß die Kleinen austrocknen oder Verbrennungen erleiden.) Wenn die Hündin trotz mehrmaliger Versuche ihre Kinder nicht akzeptiert, beginnt für den »glücklichen« Hundebesitzer eine etwas aufreibende und schwere Zeit (siehe auch Seite 46 f.).

Alle anderen Komplikationen, die vor oder während der Geburt auftreten können, erfordern das Eingreifen des Tierarztes. Zögern Sie also nicht, ihn zu rufen, wenn eine der im folgenden geschilderten Schwierigkeiten auftritt.

Bei Preßwehen sollte im Normalfall spätestens nach zehn Minuten ein kleiner Welpe im Geburtskanal erscheinen. Sind diese starken Wehen aber längere Zeit ohne Erfolg, so kann das bedeuten, daß ein Welpe festsitzt, zum Beispiel in Querlage. Es kann aber auch passieren, daß die Hündin zu entkräftet ist oder eine zu geringe Wehentätigkeit hat, so daß sie nicht in der Lage ist, die Jungen auszutreiben. Kommt es also zu einem Fruchtwasserabgang und der Welpe erscheint nach einer Stunde immer noch nicht, befindet sich der Kleine bereits in Lebensgefahr, und der Tierarzt muß sofort eingreifen.

Ein weiteres Alarmsignal ist es, wenn die Hündin länger trägt als vorgesehen. Hier kann bereits ein Junges tot sein. Ein Kaiserschnitt ist meist unerläßlich!

Der vor und während der Geburt zu beobachtende grünliche Ausfluß bietet keinen Grund zur Besorgnis. Wichtig ist, daß alle Nachgeburten, ob sie von der Hündin gegessen oder von Ihnen entfernt wurden, vorhanden sind. Falls eine fehlt, ist es wichtig, den Tierarzt zu verständigen, der entweder mit Hormonen nachhelfen kann oder sogar operativ eingreifen muß, da eine nicht ausgestoßene Nachgeburt im Leib der Mutter in Fäulnis übergeht und zu einer lebensgefährlichen Vergiftung führen kann.

Manchmal legt die Hündin, meist bevor der letzte Welpe kommt, eine Wehenpause ein, die ein bis sechs Stunden dauern kann. Es ist auch schon vorgekommen, daß das letzte Junge erst einen Tag später zur Welt kam. Haben Sie den Verdacht, daß noch nicht alle Jungen geboren sind, sollten Sie vorsichtshalber den Tierarzt verständigen.

Auch nach der Geburt kann es Probleme geben. Die Eklampsie – das sogenannte Milchfieber – ist eine gefürchtete Komplikation, die meist nach, selten vor der Geburt auftritt. Der Kalziumspiegel sinkt rapide ab, was bei der Hündin zu Krämpfen führt! Hier muß der Tierarzt sofort Kalzium spritzen, und die Hündin bekommt zudem kalziumreiche Präparate. Manchmal kommt es auch nach einer normal verlaufenen Geburt zu einer Gebärmutterentzündung. Hier müssen sofort Antibiotika verordnet werden, damit die Entzündung nicht um sich greift. Sonst kann es leicht passieren, daß aus einer harmlosen Entzündung eine Gebärmuttervereiterung entsteht, wobei dann nur noch die Entfernung der Gebärmutter hilft.

Die ersten Stunden im Hundeleben

Die Welpen kommen behaart, jedoch blind und taub zur Welt. Durch das Trokkenlecken der Mutter wird die Blutzirkulation angeregt, und erstaunlich schnell kriecht das Junge bereits während dieser Prozedur zum Bauch der Hündin, um sich eine Zitze zu erobern. Ganz wichtig ist es, daß alle Neugeborenen sehr bald die erste Milch, Kolostralmilch genannt, trinken. Diese führt das Darmpech ab und enthält wichtige Abwehrstoffe sowie reichlich Vitamine.

Die Hündin beleckt dann ausgiebig ihre trinkenden Jungen, um den Urin- und Kotabsatz anzuregen. Sie nimmt die Ausscheidungen der Welpen in den ersten Wochen auf und hält damit das Wurflager immer blitzsauber.

Sollte ein Neugeborenes zu schwach sein, um den Weg zur Milchquelle zu finden, legt man es am besten an eine der hinteren Zitzen an, da diese am ergiebigsten sind. Sie müssen dann einige Zeit darauf achten, daß das schwache Junge nicht von den Geschwistern abgedrängt wird,

Nach den Strapazen der Geburt sollten Sie der Hündin und ihrem Wurf erst einmal Ruhe gönnen.

dann wird es sicher auch bald kräftig und munter.
Ist die Geburt überstanden, sollten Sie den Zuchtwart des Rassezuchtvereins verständigen, der dann den Wurf abnimmt. Er begutachtet die einzelnen Tiere und bestimmt, ob Kümmerlinge oder mißgebildete Welpen vom Tierarzt eingeschläfert werden müssen. Er übernimmt auch beratende Funktion, falls bei einem großen Wurf Ammenaufzucht erforderlich ist. Falls es nicht schon geschehen ist, werden die Kleinen gewogen und Gewicht und Geschlecht protokolliert. Dann sollten Sie Mutter und Kindern die wohlverdiente Ruhe gönnen.

Kranke und nicht lebensfähige Welpen

Hat man in dem Wurf kranke, verkrüppelte oder nicht lebensfähige Welpen, sollte man sie möglichst noch am gleichen Tag vom Tierarzt einschläfern lassen. Das Tierschutzgesetz verbietet in diesen Fällen die Selbsthilfe. Scheuen Sie also die geringen Kosten und Mühen eines Tierarztbesuches nicht, denn nur er kann die Kleinen, wenn es wirklich erforderlich ist, schnell und schmerzlos einschläfern.
Verboten ist laut Tierschutzgesetz aber das Einschläfern gesunder Welpen, auch wenn sie unerwünscht sind.

Neugeborene Dackelwelpen

Die Hundekinderstube

Die Ernährung der säugenden Hündin

Die Jungen brauchen viel Milch, und in der Milch steckt viel Energie. Deshalb braucht die Mutter in dieser Zeit besonders gutes und hochwertiges Futter.
Der tägliche Bedarf einer säugenden Hündin beträgt in der ersten Woche etwa das Doppelte der normalen Ration und steigert sich bis zur fünften Woche bis auf das Drei- bis Vierfache des regulären Bedarfs. Dies ist natürlich auch von der Zahl der Welpen abhängig. Hat die Hündin einen sehr großen Wurf, sollte sie soviel zu essen bekommen, wie sie will.
In der Zeit, in der die Hündin ihre Jungen säugt, sollte sie auf keinen Fall abnehmen, aber auch nicht zunehmen, denn das schadet ihr ebenso. Das Futter muß auf zwei bis drei Mahlzeiten am Tag verteilt werden, um den Magen nicht zu sehr zu belasten.
Besonders wichtig ist eine ausreichende Vitamin- und Mineralstoffversorgung.
Besonders Kalzium und Spurenelemente braucht die Hündin jetzt vermehrt, da es sonst zu Mangelerkrankungen bei der Mutter und den Jungen kommen kann.
Wie schon während der Trächtigkeit muß die Hündin auch jetzt noch vermehrt mit Lebensmitteln, die hochwertiges Eiweiß enthalten, gefüttert werden.

Die körperliche Entwicklung der Welpen

Wie bereits erwähnt, kommen die Kleinen blind und taub, aber schon behaart zur Welt. In den ersten Tagen besteht ihr Tagesablauf nur aus Trinken und Schlafen.
Nach drei bis vier Tagen kommt dann etwas mehr Leben in die Kinderstube. Da wird schon kräftig gekrabbelt, zwar noch sehr wackelig, aber ein Anfang ist immerhin schon gemacht. Jeder Welpe hat auch bald seine »Stammzitze«, die er gegen die Geschwister verteidigt. Auch der Milchtritt, mit dem die Welpen das Gesäuge der Mutter bearbeiten, wird immer fester und intensiver. Dieser Milchtritt dient übrigens dazu, die Milchproduktion der Mutter anzuregen. Nach den Mahlzeiten sind die Kleinen dann meist völlig erschöpft und schlafen. Dann werden sie von der Mutter am Bäuchlein und After geleckt, um die Verdauung in Gang zu bringen.
Als gutsorgender Besitzer sollten Sie regelmäßig die Näbel der Welpen inspizieren, denn manchmal kommt es zu Nabelbrüchen. Erkennen kann man das daran, daß sich auf dem Bäuchlein, das normalerweise glatt und rund sein sollte, eine kleinere oder größere Ausbuchtung zeigt. In einem solchen Fall muß der Tierarzt entscheiden, wann und ob eine Operation erforderlich ist.
Mit zwei Wochen fängt der Welpe allmählich an, sich zu behaupten. Erste »Knurrer«

Junge Hunde kommen behaart, aber taub und blind auf die Welt. Erst in der dritten Woche öffnen sich die zunächst noch fest geschlossenen Augen.

sind zu hören, wenn ihn die Geschwister ärgern. Meist geht es in diesem Alter noch um die begehrteste Zitze. In dieser Zeit öffnen sich auch die Augen, und die Kleinen können hören. Den genauen Zeitpunkt kann man nicht angeben, denn es gibt durchaus Welpen, die schon mit einer Woche hören oder sehen, und andere, die über 14 Tage brauchen. Zu Beginn haben die Augen noch die typische blaue Welpenfarbe, denn die Pigmente sind noch nicht richtig ausgebildet. Die eigentliche Augenfarbe bekommen die Kleinen später, mit drei bis vier Monaten. Manchmal haben die Kleinen, die gerade ihre Augen öffnen, einen leicht gelblichen Ausfluß. Dann sollte man mit einem Leinentüchlein, das in lauwarmen, reinen Kamillentee oder reines lauwarmes Wasser getaucht wurde, vorsichtig die Augenränder abtupfen, bis sich der gelbliche Ausfluß oder eventuelle Verkrustungen leicht abwaschen lassen. Bleibt der gelbliche Ausfluß oder die Krustenbildung länger als zwei Tage erhalten, dann sollten Sie unbedingt den Tierarzt zu Rate ziehen.

Zwischen der zweiten und dritten Woche versuchen die Kleinen allmählich richtig zu laufen und nicht nur zu kriechen. Es sieht zwar aus, als könnten sie ihre Beinchen noch nicht ordnen, aber sie lernen schnell, und nach ein paar Tagen laufen alle herum – vielleicht noch etwas tollpatschig, aber immerhin! Jetzt beginnen die Geschwister auch miteinander zu spielen.

Sobald die Welpen anfangen herumzulaufen und das Wurflager verlassen können, fängt für den Züchter eine arbeitsreiche Zeit an. Denn nun können die Kleinen auch selbständig Kot und Urin absetzen und hinterlassen überall ihre Spuren.

Spätestens jetzt wird jedem klar, warum eine Etagenwohnung im vierten Stock – am besten noch mit Teppichboden – nicht der geeignete Ort für die Hundezucht ist. Die »Bescherungen«, die die Welpen hinterlassen, müssen ständig beseitigt werden, und das ist bei der lebhaften Verdauung von vielleicht sechs kleinen Hunden keine Kleinigkeit.

Hat man nicht die Möglichkeit, den Welpen ein Extrazimmer, dessen Fußboden leicht zu reinigen ist, zur Verfügung zu stellen, muß man einen Teil eines Zimmers »welpensicher« abtrennen und den Fußboden entsprechend präparieren. Ideal ist natürlich ein Auslauf im Freien, denn da können die Kleinen nach Herzenslust toben und ihre »Geschäftchen« erledigen. Wenn die Welpen nicht gerade in der kalten und nassen Jahreszeit geboren wur-

den, kann man sie durch regelmäßigen Auslauf im eingezäunten Garten früh daran gewöhnen, ihr Geschäft im Freien zu erledigen, was für den zukünftigen Besitzer eine große Erleichterung bei der Erziehung zur Stubenreinheit bedeutet.
Daß Sie die Welpen nur bei schönem Wetter vor die Tür lassen, versteht sich von selbst, denn die kleinen Kerle haben noch kein so dichtes Fell wie erwachsene Hunde und frieren deshalb leicht.

In der ersten Zeit trennt sich die Mutter nur ungern von ihrem Wurf.

Im Alter von drei Wochen bekommen die Hündchen ihre Milchzähne, die dann zwischen dem vierten und siebten Lebensmonat durch die bleibenden Zähne ersetzt werden. Jetzt essen und trinken die Welpen auch schon völlig selbständig. Die mütterliche Milchquelle ist aber immer noch heiß begehrt und für die gesunde körperliche Entwicklung der Welpen auch sehr wichtig!
Manchmal kann man beobachten, wie die Mutter Futter vor den meist drei bis vier Wochen alten Hündchen erbricht. So animiert sie sie dazu, jetzt auch allmählich feste Nahrung zu probieren.

Mit sechs Wochen sind die Kleinen körperlich dann schon soweit selbständig, daß man sie von der Mutter trennen könnte. Erfahrene Züchter geben die Kleinen allerdings erst mit acht Wochen ab, denn erst dann sind sie auch seelisch so weit entwickelt, daß sie die Trennung von Mutter und Geschwistern problemlos verkraften können und die wichtigsten Grundbegriffe über die Verständigung mit anderen Hunden gelernt haben. Noch besser wäre es, wenn die Welpen bis zum Alter von zwölf Wochen mit Mutter und Geschwistern zusammenblieben. Das setzt aber voraus, daß sich der Züchter auch intensiv um die Grundbegriffe der Erziehung der Welpen kümmert, was allerdings oft mehr Zeit und Engagement erfordert, als die meisten aufbringen wollen oder können.

Die psychische Entwicklung der Welpen

Man unterscheidet bei der psychischen Entwicklung kleiner Hunde vier Phasen, die jeder Züchter und zukünftige Hundehalter kennen sollte.

Die vegetative Phase

Die ersten 14 Tage nach der Geburt befriedigt der Welpe lediglich sein Nahrungs- und Schlafbedürfnis. Auch die Sinne schlummern noch. Er verdreifacht in dieser Zeit sein Geburtsgewicht und ist dabei auf die Milchleistung der Mutter angewiesen. Eine Wahrnehmung seiner Umwelt ist ihm in diesem Entwicklungsstadium noch nicht möglich, nur der Körperkontakt zu Mutter und Geschwistern ist wichtig. Die Hündin löst sich während dieser Phase nur sehr ungern von ihrem Wurf. Sie muß in regelmäßigen Zeitabständen manchmal mit sanfter Gewalt ins Freie geführt werden, damit sie ihre Geschäfte erledigen kann.

Die Übergangsphase

Die dritte Lebenswoche eines Welpen wird als Übergangsphase bezeichnet. Er beendet das völlig selbstbezogene Saug- und Schlafstadium und beginnt allmählich, seine nähere Umwelt zu erkunden.

Die Augen aller Welpen sind zunächst noch blau. Die endgültige Augenfarbe entwickelt sich erst allmählich.

Die Sinne entwickeln sich, der Hund öffnet die Augen und beginnt Geräusche wahrzunehmen. Seh-, Hör- und Riechfähigkeit sind gegen Ende der dritten Lebenswoche fast vollständig entwickelt. Die Welpen verlassen jedoch ihre Wurfkiste noch nicht, sie benötigen noch viel Wärme und das Gefühl der Geborgenheit. Hält man eine Hand in das Welpenknäuel, reagieren die kleinen Kerle bereits mit Schnuppern und Lecken. Die ersten Berührungskontakte mit dem Menschen sind in dieser Phase besonders wichtig. Schmusen und Streicheln empfindet jeder junge Hund als angenehm, und es erfolgt so die erste positive Verknüpfung mit dem Anblick eines Menschen.

Dieser Boxerwelpe ist sechs Wochen alt und voller Tatendrang.

Die Prägungsphase

Diese Phase umfaßt die vierte bis siebte Lebenswoche und ist der wichtigste Lebensabschnitt eines Welpen, was die Entwicklung seines Wesens angeht. Positive wie negative Erlebnisse und Erfahrungen prägen seinen Charakter und sind maßgebend für sein späteres Verhalten. Die Sinnesorgane sind jetzt voll ausgebildet. Zu Beginn der Prägungsphase starten die Welpen ihre ersten Versuche, das Lager zu verlassen. Sie sind zwar noch recht unbeholfen auf ihren Beinchen, aber die Gehversuche schreiten fort, und das bisherige Krabbeln gehört bald der Vergangenheit an. Auch beginnen die Welpen mit Lautäußerungen wie Knurren und Bellen, die sie im Spiel mit den Geschwistern von sich geben. Das Balgen und Toben miteinander ist bald die beliebteste Beschäftigung, der sie sich mit Wonne hingeben. Oft sieht ein Zweikampf nach einer gefährlichen Beißerei aus, aber keine Sorge, es passiert nichts. Alles ist mehr oder weniger Spiel oder aber ein Test, wie weit man bei so einer kleinen Rauferei gehen kann.

Die jungen Hunde lernen jetzt auch das Ausdrucksverhalten wie Imponiergehabe oder Demutsgebärden selbst auszudrükken und bei den Geschwistern zu verstehen. Meist ist bei einer Welpenschar zu beobachten, daß sich ein Anführer herausschält, der bei jeder Rangelei die Sache fest im Griff hat und sich kaum unterwürfig zeigt. Geht es im Spiel um einen alten Schuh oder Lappen, ist er meist der Sieger und trägt die Beute stolz davon.

Auch beziehen die Kleinen häufig die Mutter in ihre Spiele mit ein. Wird die Hündin

zu sehr attackiert, wehrt sie sich schon mal etwas grob. Die Welpen müssen lernen, schmerzhafte Maßregelung hinzunehmen. Und irgendwann liegt die ganze Familie wieder dicht aneinandergekuschelt friedlich in der Wurfkiste.

Entscheidend für seine spätere Bindung an den Menschen sind die Kontakte, die ein Welpe während der Prägungsphase mit den Menschen hat, sei es mit dem Züchter, dessen Familie oder sonstigen Hundeliebhabern, die ab und zu vorbeikommen, um sich die Kleinen anzuschauen.

Den Welpen darf in dieser Phase auf keinen Fall Unangenehmes durch einen Menschen widerfahren. Kleine Kinder dürfen deshalb niemals unbeaufsichtigt in die Hundekinderstube, denn sie sind meist zu ungeschickt im Umgang mit den Hundebabys. Man muß beim Umgang mit den

Spielerisch wird beim Kampf mit dem Schuh der Ernstfall eingeübt.

Welpen sehr darauf achten, daß sie nicht versehentlich getreten werden. Läuft man unkonzentriert zwischen der Welpenschar herum, passiert das nämlich nur zu leicht. Das kann, wenn es einem kleinen Hund mehrfach passiert, eine lebenslange Angst vor Menschen und ihren Füßen zur Folge haben.

Die ersten spielerischen Kontaktaufnahmen des Menschen sollten sich auf Streicheln und Kraulen beschränken. Den Welpen wird so oft wie möglich Gelegenheit geboten, Hände zu beschnuppern, sie zu belecken und auch mal einen Finger ins Mäulchen zu nehmen. In die täglichen Berührungskontakte sollen nicht nur Familienmitglieder, sondern ganz bewußt

für die Welpen fremde Personen mit einbezogen werden. Wenn man so vorgeht, kann man sicher sein, kontaktfreudige Hunde großzuziehen und ihnen das für ihr weiteres Hundeleben Wichtigste mitzugeben: das Vertrauen zum Menschen.
Später wird das Spielen ausgedehnt und der Beutetrieb der Welpen angesprochen, zum Beispiel durch Bewegen von Gegenständen wie Lappen, Stöckchen oder Bällchen, nach denen sie bald zu schnappen versuchen. Wenn die Bodenverhältnisse es zulassen, legt man sich ab und zu lang auf die Erde und läßt die Welpen auf sich herumkrabbeln. Das ist für sie ein herrliches Vergnügen und fördert das Vertrauen und den Kontakt.
Fehler, die bei der Behandlung kleiner Hunde in der Prägephase gemacht werden, lassen sich nur schwer wieder rückgängig machen, so daß dem Züchter in dieser Zeit eine besondere Verantwortung zukommt.

Die Sozialisierungsphase

Diese Phase umfaßt den Zeitraum von der achten bis zur zwölften Lebenswoche. Sie ist besonders bedeutungsvoll für die Weiterentwicklung des jungen Hundes und seine Fähigkeit, sich seiner Umwelt und vor allem den Menschen anzupassen.
Zu Beginn dieser Phase kommt der Welpe in der Regel in seine neue Umgebung und zu seinem neuen Besitzer. Er erfährt die erste Erziehung und muß sich seinem neuen Meuteverband anpassen. Der Schwerpunkt dieses Entwicklungsstadiums liegt auf dem spielerischen Lernen. Es werden jedoch erste Tabus gesetzt, wobei der normal veranlagte Welpe die Bereitschaft zeigt, Autorität anzuerkennen, wenn er nicht durch unsachgemäße Behandlung verprellt und eingeschüchtert wird. Selbstverständlich hält man vermeidbare unangenehme Einflüsse und Erlebnisse von ihm fern.

Gefahren beim Spielen

Sobald die Welpen angefangen haben, herumzulaufen, wird es zusehends lebendiger im Hundezimmer. Betritt man das Zimmer, muß man jetzt sorgfältig darauf achten, daß man nicht versehentlich auf einen kleinen Welpen tritt. Aber auch sonst drohen den Kleinen eine Menge Gefahren, die der Züchter kennen sollte. Gerade wenn sie die Wurfkiste verlassen und ihre ersten Entdeckungsreisen in die Umgebung machen, sind sie besonders gefährdet. Sie ziehen an Tischdecken – und was daraufsteht, kann ihnen unsanft auf den Kopf fallen. Sie zerren an Teppichfransen und essen sie auch auf, wenn sie sich lösen, was Darmprobleme schaffen kann. Sie hängen sich auch gern an Vorhänge, und alles was nicht niet- und nagelfest ist, rollt oder fällt zu Boden. Alles wird angeknabbert – hier ein Schuh, dort Strümpfe –, es gibt kaum etwas, was die Kleinen nicht interessiert und was nicht

über das Mäulchen in »Augenschein« genommen wird. Auch Pflanzen sind vor ihnen nicht sicher. Meist werden aber nur die Blätter abgezupft und dann liegengelassen. Damit die Kleinen ihren Spiel- und Bewegungstrieb ausleben können, müssen sie genügend Platz und ungefährliches Spielzeug zur Verfügung haben. Ein ausgedienter Schuh (ohne Schnürsenkel) zum Beispiel wird zur heißumkämpften Trophäe, an einem alten Lappen kann man das Totschütteln der Beute üben.

Für junge Hunde gibt es nichts schöneres als spielen. Wenn Sie nicht gerade schlafen oder essen, toben sie mit den Geschwistern herum.

Und natürlich lernen sie auch von der Mutter und voneinander, wie man mit anderen Hunden umgehen muß.
Fehlt den Welpen diese Erfahrung, fürchten sie sich später vor anderen Hunden und können keinen Kontakt finden.

Die richtige Ernährung kleiner Hunde

Normalerweise kommen die jungen Hunde bis zum Alter von drei Wochen mit der Muttermilch aus. Dann wird der Nahrungsbedarf größer, und es muß mit der Beifütterung begonnen werden. Es gibt im Fachhandel Futterflocken speziell für die Welpenaufzucht sowie Trockenmilch und Dosenfleisch für Welpen. Will man die Welpen mit selbstgemachtem Futter versorgen, kann man einen Brei aus magerem gekochtem Rind-, Kalb- oder Hühnerfleisch (durch den Fleischwolf drehen) zubereiten, dem man etwas weichgekochtes Eigelb und Haferflocken zufügt. Das Ganze wird mit klarer Fleischbrühe verrührt. Auch etwas Gemüsebrei, Quark oder Hüttenkäse kann man untermengen. Ganz wichtig ist der Zusatz von Mineralstoffen, Vitaminen und Spurenelementen. Am besten verwendet man ein handelsübliches Präparat und richtet sich genau nach den Dosierungsempfehlungen des Herstellers.

Zunächst müssen die Welpen aber die neue Art der Nahrungsaufnahme erlernen. Anfangs gibt man kleine Mengen dünnbreiigen Grundfutters in eine flache Schüssel oder am besten in eine ausgediente Bratpfanne. Man streicht jedem einzelnen Welpen etwas von dem Brei ums Mäulchen. Sie lecken ihn ab und kommen so auf den Geschmack. Es wird nicht lange dauern, und sie beginnen selbständig zu essen. Dabei sollte man darauf achten, daß die kleinen Tollpatsche nicht versehentlich mit den Vorderpfoten ins Futter geraten.

Das Beifüttern geschieht drei- bis viermal am Tag. Die Portionen sollten so bemessen sein, daß sie sofort vollständig verzehrt werden. Nach dem Füttern wird der Napf sofort entfernt und gereinigt. Lassen Sie niemals Futterreste herumstehen, denn sie können verderben und bei den Welpen zu Magenverstimmungen führen.

Sobald die Kleinen anfangen herumzulaufen, hinterlassen sie überall ihre Spuren. Und auch beim Essen verhalten sie sich nicht gerade manierlich. Am besten ist es deshalb, den Hundeauslauf mit Zeitungspapier abzudecken.

Die Aufzucht verwaister Hundebabys

Es gibt leider immer wieder Hündinnen, die nur sehr wenig oder gar keine Milch haben. In diesen Fällen muß man entweder zufüttern oder die Welpen voll mit Muttermilchersatz ernähren. Meist hat die Mutter aber wenigstens so viel Milch, daß die Kleinen ein- oder zweimal am Tag saugen können, so daß man nur zufüttern muß. Ist die Mutter aber schwer krank oder durch einen Unfall oder bei der Geburt selbst ums Leben gekommen, hilft nur die künstliche Aufzucht. Das bedeutet für den Besitzer aber viel Arbeit und natürlich viel Zeit! In manchen Fällen hat man Glück und kann die Kleinen einer Amme unterschieben. Natürlich muß die Amme gesund und ihre Mutterinstinkte sollten gut ausgeprägt sein.

Hat man das Glück gehabt und eine Amme gefunden, steht man vor dem Problem, wie man ihr die Jungen möglichst unbemerkt unterschiebt. Wenn möglich reibt man sie mit der Milch der Amme ein, damit der fremde Geruch überdeckt wird.

Die Aufzucht verwaister Hundebabys ist sehr mühsam. Wenn möglich, sollte man deshalb versuchen, die Welpen einer Amme unterzuschieben.

Manche Züchter benutzen auch die Ausscheidungen der Welpen der Amme, um die fremden damit einzureiben, damit es keine Schwierigkeiten gibt. Es ist meist auch hilfreich, wenn man die Amme etwas länger von den Welpen fernhält, dann ist das Gesäuge voll und prall und die Hündin ist froh, wenn die Jungen saugen. Man sollte aber auf jeden Fall genau beobachten, ob die Hündin die fremden Jungen auch annimmt. Es kommt leider immer wieder vor, daß eine Hündin erkennt, daß man ihr da etwas »untergeschoben« hat und die Kleinen tötet. Deshalb muß man in der ersten Zeit sehr auf der Hut sein, damit den Waisenkindern nichts passiert. Bei kleinen Hunderassen kann man auch eine kräftige Katze mit guten Mutterinstinkten als Amme nehmen.

Findet man allerdings keine Amme, muß man die Kleinen selbst aufziehen. Das größte Problem bei der Aufzucht ohne Mutter ist das Fehlen der Kolostralmilch. Die Abwehrstoffe, die die Welpen durch diese Milch bekommen würden, fehlen ihnen dann, und so muß der Tierarzt so lange Abwehrstoffe spritzen, bis die Kleinen selbst in der Lage sind, diese zu produzieren.

Da die Welpen in den ersten Tagen ihre Körpertemperatur noch nicht ausreichend regulieren können und die Mutter sie wärmen müßte, ist es für die Jungen sehr wichtig, daß sie es schön warm haben. Die Zimmertemperatur muß auf 24–25° C erhöht werden. Auch eine Infrarotlampe kann sehr nützlich sein. Aber Vorsicht! Zuviel Wärme hat schon des öfteren zu Verbrennungen oder einem Austrocknen der Kleinen geführt. Deshalb muß die Lampe immer hoch genug hängen, und Sie sollten sich die Zeit nehmen, Ihre Hand wenigstens zehn Minuten an der gleichen Stelle unter die Lampe zu legen.

Wird es Ihnen selbst zu warm, wissen Sie, daß es auch für die Kleinen zu heiß ist. Eine Wärmflasche, die mit heißem Wasser gefüllt und mit Tüchern umwickelt wird und auf die die Kleinen gelegt werden, tut in diesem Fall sicherlich die besten Dienste. Auch ein Heizkissen, wenn man es nicht zu warm einstellt und immer wieder kontrolliert, ist eine gute Sache.

Die Kiste für die Kleinen sollte anfangs nicht viel größer als das Welpenknäuel sein, damit nicht zu viel Wärme verlorengeht.

Die ersten 14 Tage sind für den Züchter besonders anstrengend, denn die Welpen müssen tagsüber alle drei – besser alle zwei – Stunden gefüttert werden. Auch nachts brauchen sie in den ersten sechs Tagen alle drei Stunden ihr Fläschchen. Gedeihen sie gut und haben die ersten kritischen Tage überstanden, kann man nachts die Abstände auf vier Stunden vergrößern. Aber das gilt nur für den Fall, daß die Kleinen ständig zunehmen und auch nicht vor Hunger schreien. Gefüttert wird – je nach Größe der Welpen – zum Beispiel mit einer Pipette oder auch einer Säuglingsflasche. Lassen Sie sich da in einem Fachgeschäft oder vom Tierarzt beraten. Wichtig ist aber, daß die Löcher im Schnuller (es sollten immer mehrere sein) die richtige Größe haben. Sind sie zu groß, kommt zuviel Milch und der Welpe verschluckt sich und kann dabei sogar ersticken. Sind sie zu klein, ist das Saugen

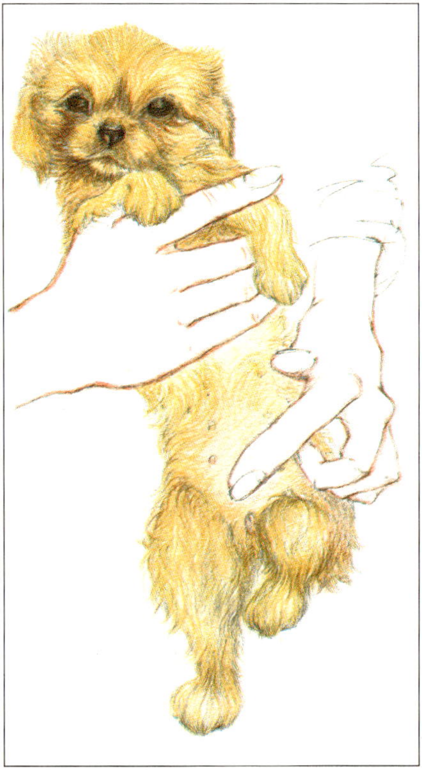

Regelmäßig nach jeder Mahlzeit muß das Bäuchlein der Welpen sanft mit den Fingerkuppen massiert werden, um die Verdauung in Gang zu setzen.

für die Kleinen zu anstrengend, sie ermüden zu schnell und schlafen vor Erschöpfung ein, bevor sie genug getrunken haben. Die Milch muß – wie für menschliche Babys auch – immer körperwarm (also 35–38° C) sein. Die Welpen nehmen, ernährt man sie richtig, täglich zu, und das Bäuchlein ist nach jeder Mahlzeit schön prall.

Bis die Welpen anfangen, selbständig Kot und Urin abzusetzen, muß man den Kot- und Urinabsatz nach jeder Mahlzeit anregen, wie das die Hundemutter auch tun würde. Dazu werden Bäuchlein und Aftergegend vorsichtig mit den Fingerkuppen, mit einem festen Wattebausch oder einem Waschlappen massiert. Das dann hoffentlich bald erscheinende Verdauungsprodukt kann man mit einem Papiertuch entfernen. Der Kot sollte weich und gut geformt sein. Dünner und mißgefärbter Kot, zum Beispiel grünlich, hellgelblich oder ockerfarben, deutet auf eine Fehlernährung hin und man sollte den Tierarzt um Rat fragen. Als Muttermilchersatz kauft man am besten die im Handel befindlichen Milchaustausch- oder Milchersatzprodukte, da ist man sicher, daß sie in ihrer Zusammensetzung der Hundemilch am nächsten kommen. Auf keinen Fall kann man die Welpen allein mit Kuhmilch aufziehen, denn die entspricht in ihrer Zusammensetzung nicht der Hundemilch.

Wollen Sie aber die Milch für die Welpen unbedingt selbst zubereiten, müssen Sie sich so weit wie möglich an die natürliche Zusammensetzung der Hundemilch halten. Diese besteht aus:

77,5% Wasser
9,8% Fett
8,1% Eiweiß
3,5% Milchzucker (Laktose)
1,1% Mineralstoffe (0,28 Kalzium, 0,22 Phosphor)
(nach Baines '81)

Für 100 ml Hundemilch brauchen Sie:

80 ml Kuhmilch
8 g rohen Eidotter
2 g Weizenkeimöl
3,6 g Kasein
0,3 g vitaminisiertes Mineralstoffutter
0,1 g Vitaminmischung (nach H. Meyer Hannover)

Eine weitere Möglichkeit ist:

71 ml Kuhmilch
18 ml Sahne
5 g rohen Eidotter
2 g Maiskeimöl
3 g Kasein
0,4 g Zitronensäure
0,3 g vitaminisiertes Mineralstoffutter

Aber es ist auf jeden Fall sicherer und unkomplizierter, die handelsüblichen Fertigprodukte zu verwenden.

Bei der Menge, die man den Kleinen geben muß, richtet man sich am besten nach den Welpen selbst. Sie hören ganz von allein zu trinken auf, wenn sie satt sind. Wichtig ist, daß man die Milch für jede Mahlzeit immer frisch anrührt und nichtgetrunkene Reste wegschüttet.

Nach etwa 10 Tagen sind die Welpen dann meist so weit, daß man sie nur noch dreimal täglich und einmal nachts füttern muß. Schreien die Kleinen allerdings vor Hunger, muß man sie öfter füttern.

Bei mutterlosen Welpen kann man etwa ab dem zehnten Tag versuchen, sie an breiige Nahrung zu gewöhnen. Natürlich muß man sie zunächst noch füttern, aber sobald sie die Augen geöffnet haben, kann man sie an den Napf gewöhnen. Sobald sie selbständig essen, ist für den Hundebesitzer die allerschlimmste Zeit überstanden.

Die Ernährung heranwachsender Welpen

Besonders bei großen und schnellwachsenden Rassen ist die richtige Ernährung im Welpen- und Jugendalter von großer Bedeutung, da eine mangelhafte Versorgung besonders mit Mineralien und Spurenelementen Wachstumsstörungen nach sich ziehen kann, die sich dann nicht mehr beheben lassen.

Alle jungen Hunde wachsen schnell und haben einen deutlich höheren Energiebedarf als erwachsene Tiere.

Um die Figur braucht man sich im Welpenalter noch keine Sorgen zu machen. Die Kleinen dürfen so viel essen, wie sie möchten. Essen sie ihre Ration nicht auf, bekommen sie eben am nächsten Tag etwas weniger. Wie bereits erwähnt muß Futter, das nicht gegessen wurde, sofort weggeräumt werden, da es schnell schlecht wird und die Kleinen sich dann daran den Magen verderben können.

Mit der Beifütterung von Brei beginnt man etwa ab der dritten Woche (siehe Seite 45). Mit fünf bis sechs Wochen können die Kleinen entwöhnt und ganz auf feste Nahrung umgestellt werden. Wer

nicht auf die handelsüblichen Fertigprodukte zurückgreifen will, kann die Welpen auch selbst versorgen. Wichtig ist, daß die Nahrung viel Eiweiß wie rohes oder gekochtes Rindfleisch und etwa zu einem Viertel Ballaststoffe wie Haferflocken, Reis oder Gemüse enthält. Den Kalkbedarf kann man mit kleingeschnittenen Knorpeln, Kalbsknochen oder einer Suppe aus kräftig ausgekochten Kalbsknorpeln und -knochen decken oder aber den Hunden eine Vitamin- und Mineralstoffmischung zufüttern. Die kleinen Hunde müssen drei- bis viermal am Tag gefüttert werden.

Mit sechs Wochen können kleine Hunde schon entwöhnt und ganz auf feste Nahrung umgestellt werden.

Sonstige Pflegemaßnahmen

Jeder Hund hat Spulwürmer. Diese sogenannten Endoparasiten werden von der Hündin bereits den Foeten im Mutterleib übertragen, auch wenn die Mutter vorschriftsmäßig entwurmt worden ist.
Der Entwicklungskreislauf der Spulwürmer ist recht kompliziert. Auch bei vorschriftsmäßiger Entwurmung der Mutter können nur die Würmer abgetötet werden, die sich im Darm befinden; diejenigen, die sich in der Muskulatur oder den Organen »versteckt« halten, werden nicht

erfaßt. Durch die hormonelle Umstellung der Trächtigkeit werden aber diese ruhenden Larven geweckt und finden ihren Weg in den Darm der Ungeborenen. Deshalb muß unbedingt im Alter von 14 Tagen die erste Entwurmung stattfinden, die nach zwei bis drei Wochen wiederholt werden muß.

Auch die Hündin wird mit in die Behandlung einbezogen. Die Welpen benötigen sehr wenig von dem Mittel (siehe Gebrauchsanweisung). Man nimmt sie einzeln hoch und schmiert es ihnen mit dem Finger ins Mäulchen. Der Hündin wird die entsprechende Menge dem Futter beigegeben. Nach Ablauf von zwei bis drei Wochen muß die Wurmkur wiederholt werden. In dieser Zeit entwickeln sich aus den Eiern die neuen Larven, die dann ebenfalls mit abgetötet werden. Aber fragen Sie sicherheitshalber Ihren Tierarzt, wie und wann die Entwurmung vor sich gehen soll!

Ganz wichtig sind auch die verschiedenen Impfungen, die der Welpe ab der achten Lebenswoche bekommen sollte (siehe auch Seite 58). Diese Impfungen kann nur der Tierarzt vornehmen. Jeder Welpe erhält nach der Impfprozedur einen Impfpaß, aus dem der Zeitpunkt der Wiederholungsimpfung ersichtlich ist. Diese ist in der Regel nach Ablauf von vier Wochen erforderlich, wenn der junge Hund bereits die Zuchtstätte verlassen hat.

Ansonsten ist das wichtigste bei der Aufzucht junger Hunde die Hygiene. Zuerst die Wurfkiste und später der Auslauf müssen immer peinlich sauber sein. Futterreste müssen ebenso entfernt werden wie Kot und Urin. Am besten, man legt den Auslauf mit Lagen von Zeitungspapier aus, das läßt sich schnell und auch preiswert ersetzen.

Die Körperpflege der Kleinen übernimmt in der ersten Zeit die Hündin. Wenn die Welpen größer sind, sollte man immer mal nachsehen, ob sich die Kleinen schmutzig gemacht haben und sie bürsten oder mit einem feuchten Lappen reinigen.

Wichtig ist besonders in der ersten Zeit, daß die Jungen und die Mutter nicht laufend von Neugierigen gestört werden. Das schadet der Entwicklung. Die Mutter wird unruhig, und die Kleinen piepsen und schreien.

Bevor der Welpe zu seinem neuen Besitzer kommt, sollte er entwurmt worden sein und die ersten Impfungen bekommen haben.

Die Kindheit geht zu Ende

Noch sind Mutter und Geschwister zusammen, aber bald wird es Zeit, daß die Welpen zu ihren neuen Besitzern kommen.

Wenn die jungen Hunde acht besser natürlich zwölf Wochen alt geworden sind, wird es Zeit für sie, zu ihrem neuen Besitzer zu kommen. Sie sind inzwischen entwöhnt und kommen gerade in die für die Gewöhnung an ihren zukünftigen Herrn so wichtige Sozialisierungsphase. Haben Sie Rassehunde abzugeben, haben Sie sicher schon Interessenten über den Zuchtverband gefunden. Der Zuchtwart kann Ihnen auch sagen, welche Preise für die Welpen der jeweiligen Rasse angemessen und üblich sind. Aber auch kleine Mischlinge sollten Sie nicht ganz umsonst abgeben, es sei denn, Sie kennen die zukünftigen Besitzer genau. Der Preis sollte nach Möglichkeit die Tierarzt- und Impfkosten decken und auf jeden Fall über dem ortsüblichen Tarif für Versuchstiere liegen, denn so können gewissenlose Tierhändler abgeschreckt werden. Überprüfen Sie noch einmal, ob die Kleinen auch alle notwendigen Impfungen bekommen haben und einen Impfpaß besitzen. Nun haben Sie als Züchter alles getan, was in Ihrer Macht steht, um gesunde und muntere junge Hunde an die neuen Besitzer abzugeben.

Kleiner Hund – was nun?

Was Sie vor dem Kauf bedenken müssen

Bevor Sie einen jungen Hund kaufen, sollten Sie sich noch einmal in Ruhe klarmachen, welche Verpflichtungen Sie damit eingehen, denn Sie werden für die nächsten 12 bis 16 Jahre einen Hausgefährten haben, auf den Sie Rücksicht nehmen müssen und der versorgt sein will.

Die Anwesenheit eines Hundes in der Wohnung wird ihre Spuren an Teppichen, Möbeln und anderen Gegenständen hinterlassen. Und natürlich kostet so ein Tier nicht nur Zeit, sondern auch Geld. Dabei müssen Sie nicht nur Futter- und gelegentliche Tierarztkosten einkalkulieren, sondern auch die jährlich zu bezahlende Hundesteuer. Empfehlenswert ist auch, eine Haftpflichtversicherung für den Hund abzuschließen. Ohne diese Versicherung müssen Sie nämlich selbst für die Kosten aufkommen, die entstehen können, wenn Ihr Hund zum Beispiel einen Unfall verursacht oder einen Menschen verletzt – und das kann unter Umständen sehr teuer werden.

Und ganz wichtig ist es, daß Sie sich, wenn Sie in einer Mietwohnung leben, vor dem Kauf vergewissern, daß Hundehaltung überhaupt erlaubt ist. Am besten, Sie lassen sich die Genehmigung schriftlich geben.

Vorbereitungen auf das neue Familienmitglied

Ihr neuer Hausgenosse wird in der Regel acht Wochen alt sein, wenn er zu Ihnen kommt – eine für einen jungen Hund sehr wichtige Phase, die besonders bedeutungsvoll für seine Weiterentwicklung ist. Von der achten bis etwa zur zwölften Lebenswoche geht nämlich die sogenannte Sozialisierungsphase, in der der junge Hund lernt, sich seiner Umwelt und den Menschen anzupassen.

Damit diese Phase reibungslos verläuft, sollte der Hund in dieser Zeit möglichst häufige und enge Kontakte zu Menschen haben.

Falls nicht sowieso ständig jemand zu Hause ist, ist es deshalb unbedingt empfehlenswert, sich für die ersten zwei Wochen der Eingewöhnung Urlaub zu nehmen. Das erleichtert nicht nur die Erziehung zur Stubenreinheit, auf die wir später noch einmal gesondert eingehen, sondern ist auch für die gesunde seelische Entwicklung des Hundebabys dringend erforderlich. Fehler, die in dieser Zeit gemacht werden, lassen sich nämlich später nur sehr schwer wieder rückgängig machen.

Folgende Gegenstände sollten vor dem Eintreffen des Welpen gekauft werden:

Zunächst brauchen Sie Halsband und Leine. Im guten Geschäft können Sie sich beraten lassen, was hier je nach Rasse für

So niedlich kleine Hunde wie diese Colliewelpen auch sind, die Anschaffung eines Hundes sollten Sie sich gut überlegen.

den Welpen richtig ist. Das gilt auch für Striegel und Bürste, wobei das Haarkleid des Hundes eine Rolle spielt. Auch Futter- und Wassernapf sollen in Größe und Beschaffenheit der Hunderasse angepaßt sein.
Natürlich braucht der Hund auch einen Schlafplatz, am besten einen Korb mit einer auswechselbaren Einlage. Er sollte in der Größe so bemessen sein, daß er auch dem ausgewachsenen Tier genügend Platz bietet. Auch an ein Spielzeug sollte beim Einkauf gedacht werden.
Mit dem Einkauf von Futter sollten Sie warten, bis Sie sich mit dem Züchter abgesprochen haben, was der Welpe bisher gegessen hat, um ihm zunächst das gewohnte Futter anbieten zu können.
So vorbereitet, können Sie den Abholtermin mit dem Züchter vereinbaren. Wenn der Hund mit dem Auto abgeholt werden muß, sollten Sie immer zu zweit sein, ein Fahrer und eine Betreuungsperson für den Welpen, da man ja nicht weiß, wie ein junger Hund auf die Aufregungen der Fahrt reagieren wird.

Die ersten Stunden daheim

Wenn Sie mit dem Welpen zu Hause angekommen sind, geben Sie ihm die Möglichkeit, sein neues Domizil ausgiebig zu beschnüffeln und zu untersuchen. Es sollten auf keinen Fall sämtliche Familienmitglieder darin wetteifern, den kleinen Kerl für sich zu gewinnen und ihm ihre Zuneigung aufzudrängen. Er muß selbst entscheiden dürfen, zu wem er gehen und von wem er gekrault werden will. Vor allem Kindern müssen Sie klarmachen, daß ein Welpe kein Spielzeug ist, das nach Belieben hervorgeholt und herumgetragen werden kann. Überhaupt sollten kleine Kinder den Hund nicht tragen, sie sind meist zu ungeschickt und können ihm leicht wehtun.

Wenn Ihr neuer Hausgenosse angekommen ist, sollte er möglichst rasch ins Freie dürfen, um sein »Geschäft« erledigen zu können.

Wenn die erste Kontaktaufnahme mit der neuen Umgebung stattgefunden hat, wird der Welpe nach draußen an den Ort getragen, wo er sich möglichst immer lösen soll. Dann wird dem Hund sein Schlaf- und Futterplatz gezeigt. Dazu setzen Sie ihn in seinen Korb und beschäftigen sich dort eine Weile mit ihm. Dann muß er sein Futter bekommen, denn er hat ja in der Regel schon eine Weile hungern müssen.

Ist der Napf leer, wird der Welpe sofort wieder nach draußen an seinen Löseplatz getragen. Mit etwas Geduld und Zuspruch wird er sein Geschäft verrichten. Anschließend sollten Sie ihn in Ruhe lassen, damit er schlafen und sich von den Anstrengungen der Reise und den neuen Eindrücken erholen kann. Welpen schlafen – wie Babys ja auch – zunächst noch sehr viel, und diesem Bedürfnis muß unbedingt Rechnung getragen werden. Sie müssen den jungen Hund jedoch auch in seinen Ruhephasen ständig im Auge behalten, um ihn sofort nach draußen zu bringen, sobald er aufwacht.

Ein wichtiges Thema: die Gesundheit

Gerade junge Hunde sind anfällig für viele Krankheiten, von denen die meisten ein schlimmes Ende nehmen können. Zum Glück gibt es inzwischen die Möglichkeit der Vorsorge durch Impfungen.
Normalerweise bekommt der neue Besitzer vom Züchter beim Kauf den Impfpaß des Welpen, in dem genau verzeichnet ist, welche Impfungen der junge Hund schon bekommen hat, und auch, wann die nächsten Tierarzttermine fällig sind. Die folgende Tabelle gibt eine Übersicht über die häufigsten Krankheiten und den richtigen Zeitpunkt für die entsprechenden Schutzimpfungen.
(Nähere Informationen zu den aufgeführten Krankheiten finden Sie auf Seite 10 f.)
Kontrollieren Sie also, am besten gleich beim Kauf anhand des Impfpasses, ob der Welpe alle bisher erforderlichen Impfun-

Um einen Welpen hochzunehmen, faßt man ihn mit einer Hand unter den Brustkorb und hält ihn mit der anderen fest. Das ist sehr wichtig, denn die kleinen Kerle sind oft recht zappelig und könnten sich bei einem Sturz verletzen.

Tabellarische Übersicht über die notwendigen Impfungen

Krankheit	1. Impfung	2. Impfung	weitere Impfungen
Staupe	8 Wochen	12 Wochen	Wiederholungsimpfung alle 1–2 Jahre
Ansteckende Leberentzündung	8 Wochen	12 Wochen	Wiederholungsimpfung alle 1–2 Jahre
Stuttgarter Hundeseuche	8 Wochen	12 Wochen	Wiederholungsimpfung jedes Jahr
Katzenseuche	ab der 6. bis zur 8. Woche	10. bis 12. Woche	Wiederholungsimpfung jedes Jahr
Zwingerhusten	6 Wochen	10 Wochen	Wiederholungsimpfung jedes Jahr
Tollwut	12 Wochen		Wiederholungsimpfung jedes Jahr

gen bekommen hat und wann die nächsten fällig sind.

Ganz wichtig ist auch eine Wurmkur. Der Züchter kann Auskunft geben, wann die letzte Wurmkur erfolgte. Knapp drei Wochen nach diesem Zeitpunkt muß die Kur wiederholt werden.

Ein gesunder Welpe muß ein etwas pummeliges Aussehen haben und Appetit und Kotabsatz müssen in Ordnung sein.

Da der Verdauungsapparat eines jungen Hundes sehr empfindlich auf eine Ernährungsumstellung reagieren kann, lassen Sie sich vom Züchter am besten etwas Futter mitgeben, und stellen Sie den Kleinen allmählich auf anderes Futter um.

Die Fütterung des jungen Hundes

Nach Möglichkeit sollte ein junger Hund bis etwa zum sechsten Lebensmonat dreimal am Tag gefüttert werden, da kleinere Mengen den Organismus nicht so stark belasten und deshalb bekömmlicher sind. Geben Sie dem Hund bei jeder Mahlzeit immer nur so viel Futter, wie er sofort und vollständig verzehrt. Bleibt ein Rest über, war es zuviel, und Sie sollten die Ration entsprechend kürzen.

Hundebesitzer, die über keinerlei Erfahrung verfügen und den ersten Welpen großziehen, sei ein wichtiger Erziehungsgrundsatz in puncto Fütterung mit auf den

Gerade in der ersten Zeit braucht der Welpe viel Zuwendung und Aufmerksamkeit, denn alles ist furchterregend neu für ihn.

Weg gegeben: »Weniger ist mehr.« Ein Hund muß praktisch immer hungrig sein und es kaum erwarten können, daß man ihm den Futternapf hinstellt. Ein Hund verhungert so schnell nicht, kann aber leicht überfüttert werden. Beim Welpen können sich die noch weichen Glieder nicht normal entwickeln, wenn er zu dick wird und damit die Gliedmaßen zu sehr belastet werden. Gelegentliche Appetitlosigkeit ist nicht tragisch. Schnüffelt der Hund nur lustlos an der Futterschüssel herum, nehmen Sie ihm das Futter sofort wieder weg. Bei der nächsten Mahlzeit wird er dann schon wieder essen.

Zwischen den Mahlzeiten sollte der Hund nichts bekommen, auch keine Tischabfälle. Ausgenommen ist mal ein Fertigfutterbröckchen als Belohnung, wenn er beispielsweise auf Rufen schnell gekommen ist. Es ist unsinnig, für den kleinen Liebling einen Menüplan aufzustellen, um ihm vielfältige Geschmacksrichtungen zu bieten. Das Futter muß so beschaffen sein, daß dem Körper die Stoffe zugeführt werden, die er für die Entwicklung benötigt. Im Handel gibt es eine Vielzahl von Fertigprodukten für Hunde, die diesen Ansprüchen genügen. Ist die Futterration vom Züchter aufgebraucht, kann man ruhig verschiedene Sorten probieren, um herauszufinden, welche dem Hund schmeckt.

Ein gesunder Welpe sieht immer leicht pummelig aus.

Es kann durchaus sein, daß auch ein guter Esser ein bestimmtes Fertigfutter strikt ablehnt.
Vitamin- und Mineralstoffzugaben sind unerläßlich, solange der Hund noch in der Entwicklung ist, aber in vernünftigen Mengen. Auch hier kann ein Zuviel schaden. Ansonsten können dem Futter ab und zu wechselweise etwas Hüttenkäse, ein Eßlöffel Honig, eine Banane, ein geriebener Apfel oder feingeraspelte rohe Möhren beigemischt werden.
Ein Welpe sollte gelegentlich mal ein Stück rohes Fleisch zwischen die Zähne bekommen. Es ist gut, wenn er mal nagen und reißen kann. Aber Achtung: auf keinen Fall rohes Schweinefleisch (dazu gehören auch Mett, Schinken und Schweineknochen) verfüttern! Über rohes Schweinefleisch können sich die Tiere mit der tödlich verlaufenden Aujeszkyschen Krankheit infizieren. Zum Ausgleich für die mangelnde Beanspruchung des Kiefers und um den »Nagetrieb« zu befriedigen, sollten Sie dem Hund etwa einmal wöchentlich einen Kalbsknochen geben. Aber nicht öfter, da es sonst zu Verstopfungen kommt. Hunde, die Knochen bekommen – auch wenn es nur selten ist –, brauchen wegen der Verstopfungsgefahr verstärkt Bewegung. Ein Hund, der Probleme mit der Verdauung hat, sollte gar keine Knochen bekommen und seinen Nagetrieb mit den handelsüblichen Kauknochen befriedigen.
Frisches Wasser muß der Hund immer und unbegrenzt zur Verfügung haben.

Die Stubenreinheit

Die Stubenreinheit ist wohl das wichtigste Kapitel der Welpenerziehung. Die Sauberkeit ist entscheidend für ein angenehmes Zusammenleben mit einem Hund und soll deshalb so schnell wie möglich erreicht werden. Darum ist es auch unbedingt notwendig, einen Welpen in der ersten Zeit ständig unter Kontrolle zu haben. Welpen »müssen« ganz furchtbar oft, die Abstände verringern sich erst, wenn sie älter werden. Wichtige Grundregel: der junge Hund muß sich immer

lösen, wenn er aus dem Schlaf erwacht und wenn er gegessen hat.
Wenn der Welpe kurz nach seinem Eintreffen im neuen Heim sein Geschäft an dem dafür ausgesuchten Platz verrichtet hat, ist das der erste Schritt zum Erfolg. Er wird sich jetzt hier, durch den Geruch veranlaßt, immer recht schnell lösen.
Sehr wichtig ist, daß Sie den Hund nach vollbrachter Tat ausführlich loben und ihm vielleicht auch ein kleines Stückchen Fleisch geben, damit er weiß, daß er es richtig gemacht hat. Da man den Welpen ja nun nicht ständig beobachten kann, ist es zweckmäßig, eine Kiste zu besorgen, in die das Körbchen hineinpaßt und die der Hund nicht selbständig verlassen kann. Er wird, seinem Instinkt folgend, sein Lager nicht verunreinigen und kann hier ein bis zwei Stunden alleingelassen werden. Natürlich muß er danach sofort ins Freie dürfen.
Die ersten Nächte können etwas Schlaf kosten. Ein Familienmitglied muß in der Nähe der Schlafkiste sein Nachtlager aufschlagen und den Welpen sofort nach draußen tragen, wenn er sich bemerkbar

Ein junger Hund muß regelmäßig nach jeder Mahlzeit ins Freie können, um sich zu lösen. Loben Sie ihn jedesmal nach vollbrachter Tat, dann wird er schnell stubenrein werden.

Dieser Schäferhund hat mit seinen fünf Monaten schon die Grundbegriffe des Hundebenimms mitbekommen.

macht. Je später am Abend er nochmals an seinen Löseplatz gebracht wird, desto größer ist die Wahrscheinlichkeit, daß er bis morgens durchhält. Und natürlich muß er morgens sofort nach draußen gebracht werden, vor dem Frühstück!

Ist die erste Woche überstanden, wird der Welpe so weit sein, daß er von selbst nach draußen strebt oder sich zumindest unübersehbar bemerkbar macht, wenn er sich lösen muß.

Passiert doch einmal in der Wohnung ein Unglück, hat es keinen Sinn, den Hund zu strafen. Wenn das nämlich nicht genau in dem Moment, wo er sein Geschäft verrichtet, geschieht, wird er das weder verstehen, noch wird es ihn zur Einsicht bringen, sondern nur einschüchtern. Entweder Sie ignorieren dem Welpen gegenüber den Vorfall und entfernen die Spuren, oder Sie ertappen ihn auf frischer Tat, schimpfen Sie ihn mit »Pfui« oder »Nein« oder ähnlichen Worten. Auch ein Klaps mit einer zusammengelegten Zeitung aufs Hinterteil ist sehr wirkungsvoll. Das tut dem Hund nicht weh, aber der Knall erschreckt den Kleinen und ist somit Strafe genug. Anschließend tragen Sie ihn sofort an das bestimmte Örtchen und vergessen nicht, ihn ausführlich zu loben, wenn er sich dort noch einmal verewigen sollte.

Auf keinen Fall sollten Sie den Hund mit der Nase in sein Geschäft stoßen, denn diese Art der Bestrafung ist Tierquälerei. Außerdem versteht der Hund Sie gar nicht, und dieses Verhalten ist höchstens geeignet, Ihre eigene Wut abzubauen. Wer für andere Methoden keine Geduld hat, sollte sich lieber gar keinen Hund anschaffen.

Je mehr Mühe Sie sich in den ersten vierzehn Tagen machen, um so schneller und zuverlässiger wird Ihr Welpe stubenrein werden, die erste und wichtigste Voraussetzung für das harmonische Zusammenleben mit den Menschen.

Register

NÜTZLICHE RATGEBER

Stand: Herbst 1989

Essen und Trinken

Meine feine Bürgerliche Küche
(4411) Von E. Falout, 160 S., 119 Farbfotos, Pappband. ●●●

Essen in Hessen
Spezialitäten zwischen Schwalm und Odenwald. (0837) Von R. Witt, 120 S., 10 s/w-Zeichnungen, Pappband. ●●

Kochen für 1 Person
Rationell wirtschaften, abwechslungsreich und schmackhaft zubereiten. (0586) Von M. Nicolin, 104 S., 8 Farbtafeln, 23 Zeichnungen, kart. ●

Schnell und individuell
Die raffinierte Single-Küche
(4266) Von F. Faist, 160 S., 151 Farbfotos, Pappband. ●●●

Was koche ich heute?
Neue Rezepte für Fix-Gerichte. (0608) Von A. Badelt-Vogt, 112 S., 16 Farbtafeln, kart. ●

Frischer Fang aus Fluß und Meer **Fisch**
(0964) Von L. Grieser, 64 S., 69 Farbfotos, Pappband. ●

Edler Kern in harter Schale
Meeresfrüchte
(0886) Von L. Grieser, 48 S., 52 Farbfotos, Pappband. ●

Gaumenfreuden Tag für Tag
Pfannengerichte
(1007) Von S. Fabke, 64 S., 54 Farbfotos, Pappband. ●

Von Tatar und falschen Hasen **Hackfleisch**
(0866) Von A. und G. Eckert, 64 S., 42 Farbfotos, Pappband. ●

Aus eigener Küche **Gute Wurst**
(0948) Von J. Bessel, G. Quaas, 80 S., 8 Farbtafeln, kart. ●

Aus lauter Lust und Liebe **Knoblauch**
(0867) Von L. Reinirkens, 64 S., 45 Farbfotos, Pappband. ●

Kochen und würzen mit **Knoblauch**
(0725) Von A. und G. Eckert, 96 S., 8 Farbtafeln, kart. ●

Kochen und würzen mit **Paprika**
(0792) Von A. und G. Eckert, 88 S., 8 Farbtafeln, kart. ●

Bintje, Irmgard und Sieglinde
Kartoffeln
(1032) Von S. Fabke, 64 S., 43 Farb- und 1 s/w-Foto, Pappband. ●

Nudelgerichte
– lecker, locker, leicht zu kochen. (0466) Von C. Stephan, 80 S., 8 Farbtafeln, kart. ●

Pasta in Höchstform **Nudeln**
(0884) Von M. Kirsch, 64 S., 62 Farbfotos, Pappband. ●

Kräftig klar und cremig zart
Feine Suppen
(1031) Von H. Imhof, 64 S., 48 Farbfotos, Pappband. ●

Eintöpfe und Aufläufe
Das Beste aus den Kochtöpfen der Welt (5079) Von A. u. G. Eckert, 64 S., 50 Farbfotos, Pappband. ●●

Herzhaftes für Leib und Seele **Eintöpfe**
(0820) Von P. Klein, 48 S., 30 Farbfotos, Pappband. ●

Spezialitäten unter knuspriger Decke
Aufläufe
(0882) Von C. Adam, 48 S., 33 Farbfotos, Pappband. ●

In Hülle und Fülle **Pasteten und Terrinen**
(0883) Von M. Kirsch, 48 S., 62 Farbfotos, Pappband. ●

Die Krönung der feinen Küche **Saucen**
(0817) Von G. Cavestri, 48 S., 40 Farbfotos, Pappband. ●

Schlank und köstlich
Spargel
(1005) Von M. Kirsch, 64 S., 44 Farbfotos, Pappband. ●

Kochen in höchster Vollendung
Aus vier Elementen ist alles zusammengefügt (Theophrast). (4291) Von M. Wissing, M. Kirsch, 160 S., 230 Farbfotos, Leinen geprägt mit Schutzumschlag, im Schuber, **DM 98,–**, S 784.–, Fr 90,20

Zaubern mit der schnellen Welle
Die neue Mikrowellenküche
(4289) Von F. Faist, 208 S., 188 Farbfotos, Pappband. ●●●

Ganz und gar mit Mikrowellen
(4094) Von T. Peters, 208 S., 24 Farbfotos, 12 Zeichnungen, kart. ●●●

Schnell auf den Tisch gezaubert
Kochen mit Mikrowellen
(0818) Von A. Danner, 64 S., 52 Farbfotos, Pappband. ●

Das neue Mikrowellen-Kochbuch
(0434) Von H. Neu, 80 S., 4 Farbtafeln, 16 s/w Zeichnungen, kart. ●

Natürlich Kochen im
Mikrowellen-Römertopf
(0947) Von F. Faist, 96 S., 8 Farbt., kart. ●

Gesunde Kost aus dem Römertopf
(0442) Von J. Kramer, 128 S., 8 Farbtafeln, 13 Zeichnungen, kart. ●

Das neue Fritieren
geruchlos, schmackhaft und gesund. (0365) Von P. Kühne, 88 S., 8 Farbtafeln, kart. ●

Goldbraun und knusprig
Fritierte Leckerbissen
(0868) Von F. Faist, 64 S., 47 Farbfotos, Pappband. ●

Kochen und backen im Heißluftherd
Vorteile, Gebrauchsanleitung, Rezepte. (0516) Von K. Kölner, 72 S., 8 Farbt., kart. ●

Schnell und gut gekocht
Die tollsten Rezepte für den Schnellkochtopf. (0265) Von J. Ley, 96 S., 8 Farbtafeln, kart. ●

Pizza, Pasta und die feine italienische Küche
(4270) Von R. Rudatis, 120 S., 255 Farbfotos, Pappband. ●●

Schlemmerreise durch die
Italienische Küche
(4172) Von V. Pifferi. 160 S., 109 Farbfotos, Pappband. ●●●

Schlemmen wie bei Mamma Maria
Pizzas
(0815) Von F. Faist, 64 S., 62 Farbfotos, Pappband. ●

Italienische Küche
Ein kulinarischer Streifzug mit regionalen Spezialitäten
(5026) Von M. Gutta, 64 S., 35 Farbfotos, Pappband. ●●

Pasta all'italiana
(1004) Von I. Seyric, 64 S., 57 Farbfotos, Pappband. ●

Pikantes und Süßes mit französischem Charme
Bistro-Küche
(4428) Von V. Müller, 160 S., 130 Farbfotos, Pappband. ●●●

Schlemmerreise durch die
Französische Küche
(4296) Von H. Imhof, 160 S., 147 Farbfotos, 3 s/w-Fotos, Pappband. ●●●

Bocuse à la carte
Französisch kochen mit dem Meister.
(4237) Von P. Bocuse, 88 S., 218 Farbfotos, Pappband. ●●

Videokassette
Kochschule mit Paul Bocuse
Der Meisterkoch verrät die Geheimnisse der französischen Küche
(6016) VHS, 60 Min. in Farbe, mit Begleitheft. ●●●●●*

Französische Küche
(0685) Von M. Gutta, 96 S., 16 Farbt., kart. ●

Schlemmerreise durch die
Chinesische Küche
(4184) Von K. H. Jen, 160 S., 117 Farbfotos, Pappband. ●●●

Verheißungsvoll fernöstlich
Spezialitäten aus dem Wok
(0933) Von H. K. Jen, 64 S., 56 Farbfotos, Pappband. ●

Chinesisch kochen
mit dem Wok- und Mongolentopf.
(0557) Von C. Korn, 64 S., 8 Farbt., kart. ●

Mehr Freude und Erfolg beim **Grillen**
(4141) Von A. Berliner, 160 S., 147 Farbfotos, 10 farbige Zeichnungen, Pappband. ●●●

Grillen für Genießer
Fleisch/Fisch/Beilagen/Soßen
(5001) Von E. Fuhrmann, 64 S., 38 Farbfotos, Pappband. ●●

Köstliches von Rost und Spieß **Grillen**
(0931) Von A. Kalcher-Dähn, H. K. Kalcher, 64 S., 43 Farbfotos, Pappband. ●

Die hier vorgestellten Bücher, Videokassetten und Software sind in folgende Preisgruppen unterteilt:

● Preisgruppe bis DM 10,–/S 79,–/Fr.10
●● Preisgruppe über DM 10,– bis DM 20,– S 80,– bis S 160,– Fr. 10,– bis Fr. 18,70
●●● Preisgruppe über DM 20,– bis DM 30,– S 161,– bis S 240,– Fr. 18,70 bis Fr. 27,70
●●●● Preisgruppe über DM 30,– bis DM 50,– S 241,– bis S 400,– Fr. 27,70 bis Fr. 46,–
●●●●● Preisgruppe über DM 50,–/S 401,–/Fr.46,–
*(unverbindliche Preisempfehlung)

Die Preise entsprechen dem Status beim Druck dieses Verzeichnisses (s. Seite 1) – Änderungen, im besonderen der Preise, vorbehalten –

Falken-Verlag GmbH · Postfach 1120 FALKEN D-6272 Niedernhausen/Ts. · Tel.: 06127/7020

Fondues · Raclettes · Flambiertes
(4081) Von R. Peiler und M.-L. Schult, 136 S., 15 Farbtafeln, 28 Zeichnungen, kart. ●●

Fondues
und fritierte Leckerbissen. (0471) Von S. Stein, 96 S., 8 Farbtafeln, kart. ●

Rezepte rund um Raclette und Doppeldecker
(0420) Von J. W. Hochscheid, 72 S., 8 Farbtafeln, kart. ●

Schlemmen in geselliger Runde
Fleischfondues
(0966) Von M. Spötter, 64 S., 62 Farbfotos, Pappband. ●

Fondues und Raclettes
(4253) Von F. Faist, 160 S., 125 Farbfotos, Pappband. ●●●

Neue, raffinierte Rezepte mit dem Raclette-Grill
(0558) Von L. Helger, 72 S., 8 Farbt., kart. ●

Schmelzendes Käsevergnügen **Raclette**
(0881) Von F. Faist, 48 S., 33 Farbfotos, Pappband. ●

Kulinarischer Feuerzauber **Flambieren**
(4294) Von R. Wesseler, 120 S., 100 Farbfotos, Pappband. ●●●

Das köstliche knackige Schlemmervergnügen **Salate**
(4165) Von V. Müller, 160 S., 80 Farbfotos, Pappband. ●●●

Spaghetti, Tagliatelle & Co.
Neue köstliche Salate
Erprobte Rezepte mit Pfiff. (0222) Von C. Schönherr, 96 S., 8 Farbtafeln, 30 Zeichnungen, kart. ●

Frisch und leicht als Hauptgericht
Schlemmersalate
(0934) Von C. Adam, 64 S., 49 Farbfotos, Pappband. ●

Köstlich frisch auf den Tisch
Rohkostsalate
(0865) Von C. Adam, 48 S., 26 Farbfotos, Pappband. ●

Raffiniert und gesund würzen
Kräuterküche
(0869) Von A. Görgens, 48 S.,43 Farbfotos, Pappband. ●

Kräuter- und Heilpflanzen-Kochbuch
für eine gesunde Lebensweise. (4066) Von P. Pervenche, 143 S., 15 Farbtafeln, kart. ●●

Joghurt, Quark, Käse und Butter
Schmackhaftes aus Milch hausgemacht. (0739) Von M. Bustorf-Hirsch, 32 S., 59 Farbabb., Pappband. ●

Alles mit Joghurt
täglich selbstgemacht, mit vielen Rezepten. (0382) Von G. Volz, 64 S., 8 Farbt., kart. ●

Locker, flockig, leicht...
Müsli & Co
(0965) Von C. Adam, 64 S., 42 Farbfotos, Pappband. ●

Bärenstark und kerngesund
Vollwertkost für Kinder
(0968) Von S. Reiter, 64 S., 44 Farbfotos, Pappband. ●

Gesunde Ernährung für mein Kind
(0776) Von M. Bustorf-Hirsch, 112 S., 8 Farbtafeln, 5 s/w-Zeichnungen, kart. ●

Das Getreidemühlenkochbuch
(1017) Von M. Burstorf-Hirsch, 112 S., 8 Farbtafeln, kartoniert. ●

Meine Vollkornküche
Herzhaftes von echtem Schrot und Korn (0858) Von S. Walz, 96 S., 8 Farbt., kart. ●

Die abwechslungsreiche Vollwertküche
Vitaminreich und naturbelassen kochen und backen. (4229) Von M. Bustorf-Hirsch, K. Siegel, 280 S., 31 Farbtafeln, 78 Zeichnungen, Pappband. ●●●●

Die verlockende Alternative
Süße Vollwertküche
(0936) Von A. Roßmeier, 64 S., 50 Farbfotos, Pappband. ●

Die gesunde Art, sich zu verwöhnen
Vollwertküche für Singles
(0937) Von A. Görgens, 64 S., 43 Farbfotos, Pappband. ●

Dinkel, Hirse, Roggenkorn...
Kerniges aus der Getreideküche
(0932) Von S. Frank, 64 S., 49 Farbfotos, Pappband. ●

Die feine Vollwertküche
(4286) Von M. Bustorf-Hirsch, 160 S., 83 Farbfotos, Pappband. ●●●

Mit Lust und Liebe...
Vollwertküche für Genießer
(4412) Von Prof. Dr. C. Leitzmann, H. Million, 256 S., 329 Farbfotos, Pappband. ●●●

Naturküche à la carte
(4406) Von M. Wissing, M. Kirsch, 160 S., 179 Farbfotos, Pappband. ●●●●

Biologische Ernährung
für eine natürliche und gesunde Lebensweise. (4125) Von G. Leibold, 136 S., 15 Farbtafeln, 47 Zeichnungen, kart. ●●

Vitaminreich und naturbelassen
Biologisch Kochen
(4162) Von M. Bustorf-Hirsch, K. Siegel, 144 S., 15 Farbtafeln, 31 Zeichn. kart. ●●

Gesund kochen
wasserarm · fettfrei · aromatisch. (4060) Von M. Gutta, 240 S., 16 Farbtafeln, 88 Abbildungen, Pappband. ●●●

Die feine Vegetarische Küche
(4235) Von F. Faist, 160 S., 191 Farbfotos, Pappband. ●●●

Würzig kochen ohne Salz
(0922) Von S. Roediger-Streubel, 160 S., 16 Farbtafeln, kart. ●●

Alternativ essen
Die gesunde Sojaküche.
(0553) Von U. Kolster, 112 S., 8 Farbt., kart. ●

Kochen mit Tofu
Die gesunde Alternative. (0894) Von U. Kolster, 80 S., 8 Farbtafeln, kart. ●

Gesund kochen mit Keimen und Sprossen
(0794) Von M. Bustorf-Hirsch, 96 S., 4 Farbtafeln, 13 s/w-Zeichnungen, kart. ●

Keime und Sprossen in der Naturküche
(4299) Von M. Bustorf-Hirsch, 96 S., 144 Farbfotos, Pappband. ●●

Backen mit Lust und Liebe
(4284) Von M. Schumacher, R. Krake, 242 S., 348 Farbfotos, 18 farb. Vignetten, 3 vierseitige Ausklapptafeln, Pappband. ●●●●

Tortenträume und Kuchenfantasien
Gebackene Köstlichkeiten originell dekoriert und verziert. (0823) Von F. Faist, 80 S., 150 Farbfotos, kart. ●●

Waffeln
Hörnchen, Pfannkuchen und Crêpes. (0522) Von C. Stephan, 64 S., 8 Farbtafeln, kart. ●

Brotspezialitäten
knusprig backen/herzhaft kochen (5088) Von J. W. Hochscheid, L. Helger, 64 S., 48 Farbfotos, Pappband. ●●

Mehr Freude und Erfolg beim
Brotbacken
(4148) Von A. und G. Eckert, 160 S., 177 Farbfotos, Pappband. ●●●

Selbst Brotbacken
Über 50 erprobte Rezepte. (0370) Von A. und G. Eckert, 80 S., 4 Zeichnungen, 4 Farbtafeln, kart. ●

Biologisch Backen
Neue Rezeptideen für Kuchen, Brote, Kleingebäck aus vollem Korn. (4174) Von M. Bustorf-Hirsch, 136 S., 15 Farbtafeln, 47 Zeichnungen, kart. ●●

Meine Vollkornbackstube
Brot · Kuchen · Aufläufe. (0616) Von R. Raffelt, 96 S., 4 Farbtafeln, 12 Zeichnungen, kart. ●

Mit Körnern, Zimt und Mandelkern
Vollkorngebäck
(0816) Von M. Bustorf-Hirsch, 48 S., 39 Farbfotos, Pappband. ●

Knusprig, kernig, urgesund **Vollkornbrot**
(0938) Von S. Reiter, 64 S., 46 Farbfotos, Pappband. ●

Weihnachtsbäckerei
Köstliche Plätzchen, Stollen, Honigkuchen und Festtagstorten. (0682) Von M. Sauerborn, 32 S., 34 Farbfotos, Pappband. ●

Meine Weihnachtsbackstube
(5163) Von M. Sauerborn, 32 S., 23 Farbfotos, mit Vorlagebogen in Originalgröße, kart. ●

Desserts
Puddings/Joghurts/Fruchtsalate/Eis/Gebäck/Getränke
(5020) Von M. Gutta, 64 S., 41 Farbfotos, Pappband. ●●

Süße Verführungen **Desserts**
(0885) Von M. Bacher, 64 S., 75 Farbfotos, Pappband. ●

Süße Geheimnisse eiskalt gelüftet
Eis und Sorbets
(0870) Von H. W. Liebheit, 48 S., 38 Farbfotos, Pappband. ●

Raffiniertes mit
Eis
Drinks/Desserts/Eissorten
(1029) Von. F. Hoffmann, 64 S., 74 Farbfotos, Pappband. ●

Zart schmelzende Versuchungen
Schokolade
(0819) Von J. Schroer, 48 S., 53 Farbfotos, Pappband. ●

Mitbringsel aus meiner Küche
selbst gemacht und liebevoll verpackt. (0668) Von C. Schönherr, 32 S., 30 Farbfotos, Pappband. ●

Marmeladen, Gelees und Konfitüren
Köstlich wie zu Omas Zeiten – einfach selbstgemacht. (0720) Von M. Gutta, 32 S., 23 Farbfotos, 1 Zeichnung, Pappband. ●

Einkochen
Lebensmittel natürlich konservieren (0405) Von B. Müller, 128 S., 8 Farbtafeln, kart. ●

Einkochen, Einlegen, Einfrieren
(4055) Von B. Müller, 152 S., 27 s/w.-Abb., 16 Farbtafeln, kart. ●●

Haltbarmachen in der Öko-Küche
Gesunde Konservierungsmethoden für Obst, Gemüse, Kräuter und Pilze. (0932) Von M. Bustorf-Hirsch, 120 S., 92 Farbabb., kart. ●●

Komm, koch und back mit mir
Kunterbuntes Kochvergnügen für Kinder. (4285) Von S. und H. Theilig, illustriert von B. v. Hayek, 112 S., 45 Farbabb., Pappband. ●●

Kinder lernen spielend backen
(5110) Von M. Gutta, 64 S., 50 Farbfotos, Pappband. ● ●

Kinder lernen spielend kochen
Lieblingsgerichte mit viel Spaß selbst zubereitet
(5096) Von M. Gutta, 64 S., 45 Farbfotos, Pappband. ●●

Mit Lust und Liebe
Kalte Platten & Buffets
Anrichten und Garnieren
(4427) Von P. Grotz, 176 S., 228 Farbfotos, Pappband. ●●●●

Garnieren und Verzieren
(4236) Von R. Biller, 160 S., 329 Farbfotos, 57 Zeichnungen, Pappband. ●●●

Köstlichkeiten für Gäste und Feste
Kalte Platten
(4200) Von I. Pfliegner, 160 S., 130 Farbfotos, Pappband. ●●●

Fein und raffiniert
Canapés und kleine Köstlichkeiten
(0963) Von H. Imhof, 64 S., 53 Farbfotos, Pappband. ●

Kalte Happen und Partysnacks
Canapés, Sandwiches, Pastetchen, Salate und Suppen
(5029) Von D. Peters, 64 S., 44 Farbfotos, Pappband. ●●

Der perfekt gedeckte Tisch
(1028) Von H. Tapper, 80 S., 161 Farbfotos, 13 Zeichnungen, kartoniert. ●●

Der schön gedeckte Tisch
Vom einfachen Gedeck bis zur Festtafel stimmungsvoll und perfekt arrangiert.
(4246) Von H. Tapper, 112 S., 206 Farbfotos, 21 s/w-Abbildungen, Pappband. ●●●

Phantasievolle Tischdekorationen selber machen
(0984) Von Y. Thalheim, H. Nadolny, 80 S., 174 Farbfotos, 21 Zeichnungen, kart. ●●

Tischkarten dekorativ gestalten
aus allerlei Material für viele Anlässe
(0946) Von H. York, 32 S., 108 Farbfotos, Pappband. ●

Servietten dekorativ falten
Geschmackvolle Anregungen aus Stoff und Papier. (0804) Von H. Tapper, 32 S., 134 Farbfotos, Pappband. ●

Tee für Genießer
Sorten · Riten · Rezepte. (0356) Von M. Nicolin, 64 S., 4 Farbtafeln, kart. ●

Weinlexikon
Wissenswertes über die Weine der Welt. (4149) Von U. Keller, 228 S., 6 Farbtafeln, 395 s/w-Fotos, Pappband. ●●●

Weine und Säfte, Liköre und Sekt
selbstgemacht. (0702) Von P. Arauner, 232 S., 76 Abb., kart. ●●

Fruchtig, spritzig, eisgekühlt
Mixen ohne Alkohol
(0935) Von S. Späth, 64 S., 44 Farbfotos, Pappband. ●

Cocktails
(4267) Von W. R. Hoffmann, W. Hubert, U. Lottring, 160 S., 164 Farbfotos, 1 s/w-Foto, Pappband. ●●●

Mixgetränke
mit und ohne Alkohol
(5017) Von C. Arius, 64 S., 35 Farbfotos, Pappband. ●●

Cocktails und Mixereien
für häusliche Feste und Feiern. (0075) Von J. Walker, 96 S., 4 Farbtafeln, kart. ●

Neue Cocktails und Drinks
mit und ohne Alkohol. (0517) Von S. Späth, 128 S., 4 Farbtafeln, kart. ●

Die besten Punsche, Grogs und Bowlen
(0575) Von F. Dingden, 64 S., 4 Farbt., kart. ●

SLIM
Der neue, individuelle Schlankheitsplan
(4277) Von Prof. Dr. E. Menden, W. Aign 120 S., 440 Farbfotos, Pappband. ●●●

Schlank werden nach Dr. Hay **Trennkost**
Die bewährten Vollwert-Rezepte von Ursula Summ. (4298) Von U. Summ, 96 S., 54 Farbfotos, 1 Zeichnung, kart. ●●

Vitamine und Ballaststoffe
So ermittle ich meinen täglichen Bedarf
(0746) Von Prof. Dr. M. Wagner, I. Bongartz, 96 S., 6 Farbfotos, zahlreiche farb. Tabellen, kart. ●

Kalorien – Joule
Eiweiß · Fett · Kohlenhydrate tabellarisch nach gebräuchlichen Mengen. (0374) Von M. Bormio, 88 S., kart. ●

Hobby und Freizeit

Falken-Handbuch
Zeichnen und Malen
(4167) Von B. Bagnall, 336 S., 1154 Farbabb., Pappband. ●●●●●

Das große farbige PLAKA-Buch
Malen und Basteln
(4402) Von H.-J. Giesecke, 192 S., 224 Farbfotos, 20 Farb- und 4 s/w-Zeichnungen, Pappband. ●●

Einmal grad und einmal krumm
Zeichenstunden für Kinder. (0599) Von H. Witzig, 144 S., 363 Abb. kart. ●

Punkt, Punkt, Komma, Strich
Zeichenstunden für Kinder
(0564) Von H. Witzig, 144 S., über 250 Zeichnungen, kart. ●

Figürliches Zeichnen
leicht gemacht
(1010) Von H. Witzig, 112 S., 462 Figuren, kartoniert. ●

Kalligraphie
Die Kunst des schönen Schreibens
(4263) Von C. Hartmann, 120 S., 44 Farbvorlagen, 29 s/w-Vorlagen, 2 s/w-Zeichnungen, 38 Farbfotos, Pappband. ●●●●

Aquarellmalerei
als Kunst und Hobby (4147) Von H. Haack, B. Wersche, 136 S., 62 Farbfotos, 119 Zeichnungen, Pappband. ●●●●

Aquarellmalerei leicht gelernt
Materialien · Techniken · Motive.
(0787) Von T. Hinz, R. Braun, B. Zeidler, 32 S., 38 Farbfotos, 1 Zeichn., Pappband. ●

Hobby Aquarellmalen
Landschaft und Stilleben. (0876) Von I. Schade, A. Brück, 80 S., 111 Farbabb., kart. ●●

Videokassette
Hobby Aquarellmalen
Landschaft und Stilleben (6022) VHS, 40 Min., in Farbe, mit Begleitheft ●●●●*

Hobby Ölmalerei
Landschaft und Stilleben. (0875) Von H. Kämper, I. Becker, 80 S., 93 Farbabb., kart. ●●

Videokassette
Hobby Ölmalerei
Landschaft und Stilleben (6025) VHS, 40 Min., in Farbe, mit Begleitheft ●●●●*

Glasmalerei
als Kunst und Hobby. (4088) Von F. Krettek und S. Beeh-Lustenberger, 132 S., 182 Farbfotos, 38 Motivvorlagen, Pappband. ●●●●

Bauernmalerei
als Kunst und Hobby. (4057) Von A. Gast, H. Stegmüller, 128 S., 239 Farbfotos, 26 Riß-Zeichnungen, Pappband. ●●●●

Hobby Bauernmalerei
(0436) Von S. Ramos und J. Roszak, 80 S., 116 Farbf. und 28 Motivvorlagen, kart. ●●

Bauernmalerei
Kreatives Hobby nach alter Volkskunst
(5039) Von S. Ramos, 64 S., 85 Farbfotos, Pappband. ●●

Seidenmalerei in Vollendung
(4414) Hrsg. von R. Smend, 160 S., 227 Farbfotos, 36 s/w-Fotos, geprägter Leineneinband mit Schutzumschlag, im Schuber, **DM 98,–**, S 784,–, Fr 90,20

Seidenmalerei als Kunst und Hobby
(4264) Von S. Hahn, 136 S., Farbabb., 1 s/w-Foto, Pappband. ●●●●

Hobby Seidenmalerei
(0611) Von R. Henge, 88 S., 106 Farbfotos, 28 Zeichnungen, kart. ●●

Neue zauberhafte Seidenmalerei
Motive und Anregungen aus der Natur.
(0924) Von R. Henge, 80 S., 148 Farbfotos, 27 s/w-Zeichnungen, kart. ●●

Kunstvolle Seidenmalerei
Mit zauberhaften Ideen zum Nachgestalten
(0783) Von I. Demharter, 32 S., 56 Farbfotos, Pappband. ●

Zauberhafte Seidenmalerei
Materialien · Techniken · Gestaltungsvorschläge. (0664) Von E. Dorn, 32 S., 62 Farbfotos, Pappband. ●

Aquarellieren auf Seide
Materialien · Techniken · Motive
(0917) Von I. Demharter, 32 S., 41 Farbfotos, Pappband. ●

Seidenmalerei Landschaften
(5153) Von D. Kosik, 32 S., 50 Farbfotos, 12 Zeichnungen, mit Vorlagebogen in Originalgröße, kart. ●

Seidenmalerei Kissen
(5151) Von I. Demharter, 32 S., 42 Farbfotos, 2 Zeichnungen, mit Vorlagebogen in Originalgröße, kart. ●

Seidenmalerei Blusen und T-Shirts
(5184) Von A. Keller, 32 S., 28 Farbfotos, 12 Zeichnungen, mit Vorlagebogen in Originalgröße, kartoniert. ●

Seidenmalerei Tücher und Schals
(5152) Von R. Henge, 32 S., 36 Farbfotos, 1 Zeichnung, mit Vorlagebogen in Originalgröße, kart. ●

Seidenmalerei Lampenschirme
(5154) Von I. Walter-Ammon, 32 S., 47 Farbfotos, 1 Zeichnung, mit Vorlagebogen in Originalgröße, kart. ●

Seidenmalerei Blüten, Blätter, Ranken
(5165) Von D. Kosik, 32 S., 35 Farbfotos, 4 Zeichnungen, mit Vorlagebogen in Originalgröße, kart. ●

Seidenmalerei Schmuckkarten und Miniaturbilder
(5166) Von I Walter-Ammon, 32 S., 37 Farbfotos, 2 Zeichnungen, mit Vorlagebogen in Originalgröße, kart. ●

Seidenmalerei Bilder in Konturentechnik
(5182) Von I. Demharter, 32 S., 28 Farbfotos, 2 Zeichnungen, mit Vorlagebogen in Originalgröße, kartoniert. ●

Falken-Handbuch **Häkeln**
ABC der Häkeltechniken und Häkelmuster in ausführlichen Schritt-für-Schritt-Bildfolgen.
(4194) Von H. Fuchs, M. Natter, 288 S., 1073 Farbabb., Pappband. ●●●●

Das moderne Standardwerk von der Expertin
Perfekt Stricken
Mit Sonderteil Häkeln. (4250) Von H. Jaacks, 256 S., 703 Farbfotos, 169 Farb- und 121 s/w-Zeichnungen, Pappband. ●●●

Videokassette
Perfekt Stricken
Neue Techniken Schritt für Schritt vorgestellt von H. Jaacks, 51 Min., in Farbe, mit Begleitheft. ●●●●*

Falken-Handbuch **Stricken**
ABC der Stricktechniken und Strickmuster in ausführlichen Schritt-für-Schritt-Bildfolgen. (4137) Von M. Natter, 312 S., 106 Farb- und 922 s/w-Fotos, 318 Zeichnungen, Pappband. ●●●●

Hobby Patchwork und Quilten
(0768) Von B. Staub-Wachsmuth, 80 S., 108 Farbabb., 43 Zeichnungen, kart. ●●

Hobby Applikationen
Materialien · Techniken · Modelle
(0899) Von H. Probst-Reinhardt, 80 S., 92 Farbfotos, 31 Zeichnungen, kart. ●●

Hobby Spitzencollagen
Bezaubernde Motive aus edlem Material
(0847) Von H. Westphal, 80 S., 186 Farbfotos, kart. ●●

Falken-Handbuch **Nähen**
Abc der Nähtechniken und kreative Modellschneiderei in ausführlichen Schritt-für-Schritt-Bildfolgen. (4272) Von A. Bree, 320 S., 1142 Abbildungen, Schnittmusterbogen für alle Modelle, Pappband. ●●●●

Kreatives Bilderweben
Materialien · Vorlagen · Motive
(0814) Von A. Schulte-Huxel, 32 S., 58 Farbfotos, 8 Zeichnungen, Pappband. ●

Die schönsten Handarbeiten zum Verschenken
(4225) Von B. Wenzelburger, 128 S., 156 Farbfotos, 70 zweifarbige Zeichnungen, Pappband. ●●●●

Zauberhafte alte Puppen
Sammeln · Restaurieren · Nachbilden
(4255) Von C.A. Stanton, J. Jacobs, 120 S., 157 Farbfotos, 24 Zeichnungen, Pappband. ●●●●

Hobby Puppen
Bezaubernde Modelle selbst gestalten
(0742) Von B. Wenzelburger, 88 S., 163 Farbfotos, 41 Zeichn., 11 Schnittmuster, kart. ●●

Selbstgestrickte Puppen
Materialien und Arbeitsanleitungen
(0638) Von B. Wehrle, 32 S., 21 Farbfotos, 24 Zeichnungen, Pappband. ●

Kuscheltiere stricken und häkeln
Arbeitsanleitungen und Modelle. (0734) Von B. Wehrle, 32 S., 60 Farbfotos, 28 Zeichnungen, Spiralbindung. ●

Phantasiepuppen stricken und häkeln
Märchenhafte Modelle mit Arbeitsanleitungen. (0813) Von B. Wehrle, 32 S., 26 Farbfotos, 46 Zeichnungen, Pappband. ●

Dekorative Rupfenpuppen
Arbeitsanleitungen und Gestaltungsvorschläge. (0733) Von B. Wenzelburger, 32 S., 57 Farbfotos, 14 Zeichnungen, Spiralbindung. ●

Teddybären
Sechs beliebte Modelle
(5159) Von Y. Thalheim, H. Nadolny, 32 S., 46 Farbfotos, 9 Zeichnungen, mit Vorlagebogen in Originalgröße, kart. ●

Heißgeliebte Teddybären
Selbermachen · Sammeln · Restaurieren. (0900) Von H. Nadolny, Y. Thalheim, 80 S., 119 Farbfotos, 23 s/w-Zeichnungen, 14 S. Schnittmusterbogen, kart. ●●

Hobby Salzteig
(0662) Von I. Kiskalt, 80 S., 150 Farbfotos, 5 Zeichnungen, Schablonen, kart. ●●

Neue zauberhafte Salzteig-Ideen
(0719) Von I. Kiskalt, 80 S., 324 Farbfotos, 12 Zeichnungen, Schablonen, kart. ●●

Kreatives Gestalten mit Salzteig
Originelle Motive für Fortgeschrittene (0769) Hrsg. I. Kiskalt, 80 S., 168 Farbfotos, kart. ●●

Originell und dekorativ
Salzteig mit Naturmaterialien
(0833) Von A. und H. Wegener, 80 S., 166 Farbfotos, kart. ●●

Salzteig kinderleicht
(0973) Von I. Kiskalt, 80 S., 224 Farbfotos, 8 Zeichnungen, kart. ●●

Gestalten mit Salzteig
formen · bemalen · lackieren. (0613) Von W.-U. Cropp, 32 S., 56 Farbfotos, 17 Zeichnungen, Pappband. ●

Videokassette
Hobby Salzteig
(6010) VHS, in Farbe, 35 Min., mit Begleitheft. ●●●

Schöne Sachen modellieren
Originelles aus Cernit – ideenreich gestaltet (0762) Von G. Thelen, 32 S., 105 Farbfotos, Pappband. ●

Töpfern
als Kunst und Hobby. (4073) Von J. Fricke, 132 S., 37 Farbfotos, 222 s/w-Fotos, Pappband. ●●●●

Kreatives Gestalten mit Ton
Töpfern ohne Scheibe – Aufbaukeramik
(0896) Von A. Riedinger, 80 S., 207 Farbfotos, 16 Zeichnungen, 7 Vignetten, kart. ●●

Kreatives Gestalten mit Ton
Töpfern auf der Scheibe
(0971) Von A. Riedlinger, 80 S., 28 Farb- und 3 s/w-Zeichng., 178 Farbfotos, kartoniert. ●●

Hobby Glaskunst in Tiffany-Technik
(0781) Von N. Köppel, 80 S., 194 Farbfotos, 6 s/w-Abb., kart., ●●

Tiffany-Lampen selbermachen
Arbeitsanleitung · Materialien · Modelle
(0684) Von I. Spliethoff, 32 S., 60 Farbfotos, 19 Zeichnungen, Pappband. ●

Tiffany-Spiegel selbermachen
Materialien · Arbeitsanleitung · Vorlagen
(0761) Von R. Thomas, 32 S., 53 Farbabb., Pappband. ●

Fensterbilder in Tiffany-Technik
(5168) Von P. Matz, 32 S., 43 Farbfotos, mit Vorlagebogen in Originalgröße, kart. ●

Tiffany-Schmuck selbermachen
Materialien · Arbeitsanleitungen · Modelle
(0871) Von B. Poludniak, H. W. Scheib, 32 S., 55 Farbfotos, Pappband. ●

Tiffany-Technik
und andere kunstvolle Arbeiten in Glas
(0972) Von. D. Köhnen, 80 S., 176 Farbfotos, 5 s/w-Zeichnungen, kart. ●●

Tiffany-Gürtelschnallen
(5160) Von G.G. Scheib, R. Grella, 32 S., 52 Farbfotos, 1 Zeichnung, mit Vorlagebogen in Originalgröße, kart. ●

Schmuck, Accessoires und Dekoratives
aus Fimo modelliert. (0873) Von A. Aurich, 32. S., 54 Farbfotos, Pappband. ●

Modeschmuck mit Federn und Straß
(5167) Von J. Niemeier, 32 S., 41 Farbfotos, mit Vorlagebogen in Originalgröße, kart. ●

Modeschmuck in vielen Variationen
(5180) Von A. Hahn, 32 S., 39 Farbfotos, 3 Zeichnungen, mit Vorlagebogen in Originalgröße, kartoniert. ●

Exklusiver Modeschmuck
aus dem eigenen Atelier
(0925) Von J. Niemeier, J. Klein, 80 S., 141 Farbfotos, 25 Zeichnungen, kart. ●●

Gestalten mit Glasperlen
fädeln · sticken · weben (0640) Von A. Köhler, 32 S., 55 Farbfotos, Spiralbindung. ●

Masken
phantasievoll dekorieren
(5155) Von Chr. Familler, 32 S., 48 Farbfotos, mit Vorlagebogen in Originalgröße, kart. ●

Bastelspaß mit der Laubsäge
Mit Schnittmusterbogen für viele Modelle in Originalgröße. (0741) Von L. Giesche, M. Bausch, 32 S., 61 Farbfotos, 7 Zeichnungen, Schnittmusterbogen, Pappband. ●

Strohschmuck selbstgebastelt
Sterne, Figuren und andere Dekorationen (0740) Von E. Rombach, 32 S., 60 Farbfotos, 17 Zeichnungen, Pappband. ●

Hobby Drachen
bauen und steigen lassen. (0767) Von W. Schimmelpfennig, 80 S., 1 dreiseitige Ausklapptafel, 55 Farbfotos, 139 Zeichnungen kart. ●●

Lenkdrachen
bauen und fliegen
(1011) Von W. Schimmelpfennig, 64 S., 51 Farbfotos und 126 Zeichnungen, kartoniert. ●●

Drachen
Einfache Modelle für Kinder
(5156) Von W. Schimmelpfennig, 32 S., 11 Farbfotos, 31 Zeichnungen, mit Vorlagebogen in Originalgröße, kart. ●

Das große farbige
Bastelbuch für Kinder
(4254) Von U. Barff, I. Burkhardt, J. Maier. 224 S., 157 Farbfotos, 430 Farb- und 60 s/w-Zeichnungen, mit Schnittmusterbogen, Pappband. ●●●

Videokassette
Basteln mit Kindern
(6041) VHS, 60 Min., in Farbe, mit Begleitheft, ●●●●*

Hobby Origami
Papierfalten für groß und klein
(0756) Von Z. Aytüre-Scheele, 80 S., 820 Farbfotos, kart. ●●

Neue zauberhafte Origami-Ideen
Papierfalten für groß und klein
(0805) Von Z. Aytüre-Scheele, 80 S., 720 Farbfotos, kart. ●●

Origami –
Die Kunst des Papierfaltens. (0280) Von R. Harbin, 112 S., 633 Zeichnungen, 9 Fotos, kart. ●

Heut basteln wir mit Pappe und Papier
(4413) Von U. Barff, J. Maier, 224 S., 117 Farbfotos, 480 Farbzeichnungen, 25 s/w-Abbildungen, mit Schnittmusterbogen, Pappband. ●●●

Schritt für Schritt zum Scherenschnitt
Materialien · Techniken · Gestaltungsvorschläge. (0732) Von H. Klingmüller, 32 S., 38 Farbfotos, 34 Vorlagen, Pappband. ●

Fensterbilder in Scherenschnitt
(5169) Von A. Hahn, 32 S., 52 Farbfotos, 3 s/w-Fotos, mit Vorlagebogen in Originalgröße, kart. ●

Fensterbilder aus Papier
(5158) Von E. Rüscher, 32 S., 39 Farbfotos, 5 Zeichnungen, mit Vorlagebogen in Originalgröße, kart. ●

Märchenhafte Fensterbilder
(5185) Von J. Maier, 32 S., 37 Farbfotos, mit Vorlagebogen in Originalgröße, kartoniert. ●

Fensterbilder Blumen und Tiere
(5186) Von M. Twachtmann, 32 S., 41 Farbfotos, 3 Zeichnungen, mit Vorlagebogen in Originalgröße, kartoniert. ●

Papierflieger
(5157) Von T. Gött, 32 S., 73 Farbfotos, 19 Zeichnungen, mit Vorlagebogen in Originalgröße, kart. ●

Mobiles aus Papier
(5183) Von J. Maier, 32 S., 17 Farbfotos, 35 Farbzeichnungen, mit Vorlagebogen in Originalgröße, kartoniert. ●

Schachteln basteln und dekorieren
(5170) Von Chr. Adjano, 32 S., 55 Farbfotos, mit Vorlagebogen in Originalgröße, kart. ●

Die große Schachtelparade
(4438) Von Present Team, 16 vierfarbige Bogen 250-g-Karton mit Schachtelstanzung mit 4 S. Einleitung. ●●●

Deco Art
Die Kunst, Geschenke zu verpacken
(0949) Von B. Niermann, 80 S., 78 Farbfotos, 191 Zeichnungen, kart. ●●

Originelles Ambiente für Gäste
Festdekorationen
(1049) Von B. Niermann, 80 S., 125 Farbfotos, 59 Farbzeichng., kartoniert. ●●

Tischkarten dekorativ gestalten
aus allerlei Material für viele Anlässe (0946) Von H. York, 32 S., 108 Farbfotos, Pappband. ●

Glückwunschkarten
(5179) Von A. Kolb, B. Michel, 32 S., 54 Farbfotos, mit Vorlagebogen in Originalgröße, kartoniert.

Altes Brauchtum neu entdeckt
Schmuck-Eier
Kunstvoll gestalten und verzieren. (0919) Von I. Kiskalt, 32 S., 45 Farbfotos, 3 s/w-Zeichnungen, Pappband. ●

Basteln für Ostern
(5164) Von Chr. Adjano, 32 S., 47 Farbfotos, mit Vorlagebogen in Originalgröße, kart. ●

Alle Jahre wieder…
Advent und Weihnachten
Basteln, Backen, Schmücken, Singen, Vorlesen, Feiern
(4260) Von H. und Y. Nadolny, 256 S., 105 Farbfotos, 130 Zeichn., Pappband. ●●●

Basteln für Weihnachten
(5162) Von Chr. Adjano, 32 S., 44 Farbfotos, mit Vorlagebogen in Originalgröße, kart. ●

Fensterdekorationen für die Weihnachtszeit
(5181) Von Y. Thalheim, H. Nadolny, 32 S., 33 Farbfotos, mit Vorlagebogen in Originalgröße, kartoniert. ●

Adventskalender
(5178) Von Y. Thalheim, H. Nadolny, 32 S., 35 Farbfotos, mit Vorlagebogen in Originalgröße, kartoniert. ●

Weihnachtsbasteleien
Advents- und Weihnachtsschmuck für groß und klein
(0667) Von M. Kühnle und S. Beck, 32 S., 56 Farbfotos, 6 Zeichnungen, Pappband. ●

Feuerzeichen behaglicher Wohnkultur
Kachelöfen, Kamine und Kaminöfen
(4288) Hrsg. von C. Berninghaus. Von R. Heinen, G. Kosicek, H.P. Sabborrosch, 168 S., 291 Farbfotos, 2 s/w-Fotos, 8 Zeichnungen, Pappband. ●●●●

Garagentore selbst bemalt
Techniken und Motive.(0786) Von H. und Y. Nadolny, 32 S., 34 Farbfotos, 12 s/w-Zeichnungen, Pappband. ●

Falken Handbuch
Heimwerken
Reparieren und Selbermachen im Haus und Wohnung – über 1100 Farbfotos. Praktische Tips vom Profi: Selbermachen, Reparieren, Renovieren, Kostensparen. (4117) Von Th. Pochert, 440 S., 1103 Farbfotos, 100 ein- und zweifarbige Abb., Pappband. ●●●●

Restaurieren von Möbeln
Stilkunde, Materialien, Techniken, Arbeitsanleitungen in Bildfolgen.
(4120) Von E. Schnaus-Lorey, 152 S., 37 Farbfotos, 75 s/w-Fotos, 352 Zeichnungen, Pappband. ●●●●

Möbel aufarbeiten, reparieren und pflegen
(0386) Von E. Schnaus-Lorey, 96 S., 28 Fotos, 101 Zeichnungen, kart. ●

FALKEN-Heimwerker-Praxis
Kleinmöbel aus Holz
(0905) Von O. Maier, 128 S., 210 Farbfotos, 80 Zeichnungen, kart. ●●

FALKEN-Heimwerker-Praxis
Anstreichen und Lackieren
(0771) Von P. Müller, 120 S., 196 Farbfotos, 2 s/w-Fotos, 3 Zeichnungen, kart. ●●

FALKEN-Heimwerker-Praxis
Elektroarbeiten
(0975) Von K.H. Schubert, 120 S., 193 Farbfotos, 40 Zeichnungen, kart. ●●

Falken-Heimwerker-Praxis
Mofa- und Moped-Reparaturen
(1008) Von T. Kohlmey, 128 S., 280 Farbabbildg. und Zeichng., kartoniert. ●●

FALKEN-Heimwerker-Praxis
Fahrrad-Reparaturen
(0796) Von R. van der Plas, 112 S., 140 Farbfotos, 113 farbige Zeichnungen, kart. ●●

Ikebana
Einführung in die japanische Kunst des Blumensteckens. (0548) Von G. Vocke, 152 S., 47 Farbfotos, kart. ●●

Blütenbilder aus Blumen und Blättern
Phantasievolle Naturcollagen
(0872) Von G. Schamp, 32 S., 57 Farbfotos, 1 Zeichnung, Pappband. ●

Hobby Gewürzsträuße
und zauberhafte Gebinde nach Salzburger Art. (0726) Von A. Ott, 80 S., 101 Farbfotos, 51 farbige Zeichnunen, kart. ●●

Hobby Trockenblumen
Gewürzsträuße, Gestecke, Kränze, Buketts. (0643) Von R. Strobel-Schulze, 88 S., 170 Farbfotos, kart. ●●

Neue zauberhafte Trockenblumen-Ideen
(0821) Von R. Strobel-Schulze, 80 S., 163 Farbfotos, kart. ●●

Dauergestecke
mit Zweigen, Trocken- und Schnittblumen (5211) Von G. Vocke, 64 S., 57 Farbfotos, Pappband. ●●

Schminken für Kinder
(5177) Von Y. Thalheim, H. Nadolny, 32 S., 68 Farbfotos, mit Vorlagebogen in Originalgröße, kartoniert. ●

Mit vollem Genuß
Pfeife rauchen
Alles über Tabaksorten, Pfeifen und Zubehör (4227) Von H. Behrens, H. Frickert, 168 S., 127 Farbfotos, 18 Zeichn., Pappband. ●●●●

Pfeiferauchen leicht gemacht
Die richtige Art, Tabak zu genießen
(1026) Von O. Pollner, Ca. 112 S., ca. 120 Farbfotos, ca. 4 s/w-Abb., kart. ●●

Münzen
Ein Brevier für Sammler. (0353) Von E. Dehnke, 128 S., 4 Farbtafeln, 17 s/w-Abb., kart. ●●

Die Fazination der Philatelie
Briefmarken sammeln
(4273) Von D. Stein, 212 S., 124 s/w-Fotos, 24 Farbtafeln, Pappband. ●●●

Briefmarken sammeln
(0481) Von D. Stein. 120 S., 4 Farbtafeln, 98 s/w-Abb., kart. ●

Freizeit mit dem Mikroskop
(0291) Von M. Deckart, 132 S., 8 Farbtafeln, 64 s/w-Abb., 2 Zeichnungen, kart. ●●

Astronomie im Bild
Unser Sternenhimmel rund ums Jahr
(0849) Von Dr. E. Übelacker, 88 S., 48 Farbfotos, 1 s/w-Foto, 68 Farbzeichn., kart. ●●

Astronomie als Hobby
Sternbilder und Planeten erkennen und benennen. (0572) Von D. Block, 176 S., 16 Farbtafeln, 49 s/w-Fotos, 93 Zeichnungen, kart. ●●

Moderne Fotopraxis
(4401) Von G. Koshofer, Prof. H. Wedewardt, 224 S., 363 Farbfotos, 106 s/w-Fotos, 5 Farb- und 24 s/w-Zeichnungen, Pappband. ●●●

Mach dir ein Bild
Praxistips für Foto, Film und Video
(4410) Von G. Staab, 208 S., 202 Farbfotos, 175 s/w-Fotos, 1 Zeichnung, Pappband. ●●●

So macht man bessere Fotos
Das meistverkaufte Fotobuch der Welt
(0614) Von M. L. Taylor, 192 S., 457 Farbfotos, 8 s/w-Fotos, 7 Zeichnungen, kart. ●●

Aktfotografie
Interpretationen zu einem unerschöpflichen Thema. Gestaltung · Technik · Spezialeffekte. (0737) Von H. Wedewardt, 88 S., 144 Farb- und 6 s/w-Fotos, 6 Zeichnungen, kart. ●●

Videokassette
Aktfotografie
Gestaltung, Technik, Spezialeffekte
(6001) VHS, Laufzeit 60 Min., mit Begleitheft, in Farbe. ●●●●●*

Videografieren
Filmen mit Video 8. Technik – Bildgestaltung – Schnitt – Vertonung. (0843) Von M. Wild, K. Möller, 120 S., 101 Farbfotos, 22 s/w-Fotos, 52 Zeichnungen, kart. ●●

Videokassette
Videografieren
Filmen mit Video 8. Technik – Bildgestaltung - Schnitt - Vertonung. (6031) VHS, (6033) Beta, (6034) Video 8, 60 Min., in Farbe, mit Begleitheft. ●●●●●*

Videografieren perfekt
Profitricks für Aufnahmetechnik und Nachbearbeitung
(0969) Von W. Schild, 120 S., 144 Farbabb., 5 s/w-Zeichnungen, kart. ●●●

Videokassette
Videografieren perfekt
(6042) VHS, (6043) Beta, (6044) Video 8, 60 Min., in Farbe, mit Begleitheft. ●●●●●*

Schmalfilmen
Ausrüstung · Aufnahmepraxis · Schnitt · Ton. (0342) Von U. Ney, 108 S., 4 Farbtafeln, 25 s/w-Fotos, kart. ●

Schmalfilme selbst vertonen
(0593) Von U. Ney, 96 S., 57 s/w-Fotos, 14 Zeichnungen, kart. ●

Anlagenbau in Modultechnik
für Modelleisenbahnen und Dioramen. (0845) Von J. Thal, 104 S., 68 Farbfotos, 28 Zeichnungen, kart. ●●●

Videokassette
Die Modelleisenbahn
Anlagenbau in Modultechnik. Neue kreative Gestaltung. Neue raffinierte Techniken. (6028) VHS, 30 Min., in Farbe. ●●●●*

Kleine Welt auf Rädern
Das faszinierende Spiel mit **Modelleisenbahnen** (4175) Von F. Eisen, 256 S., 72 Farb- und 180 s/w-Fotos, 25 Zeichnungen, Pappband. ●●●

Flugmodelle
bauen und einfliegen (0361) Von W. Thies und W. Rolf, 160 S., 63 Abb., 7 Faltpläne, kart. ●●

Elektronik als Hobby
Von der Grundlagenschaltung zum integrierten Schaltkreis
Mit 8 wichtigen Universalplatinen
(4293) Von W. Priesterath, 264 S., 80 s/w-Fotos, 128 Zeichn., Pappband. ●●●

Die Super-Sportwagen der Welt
(4423) Von H.G. Isenberg, 194 S., 184 Farbfotos, 4 farbige Ausklapptafeln, 32 s/w-Fotos, Pappband. ●●●●

Die Super Oldtimer der Welt
(4465) Von H. G. Isenberg, 194 S., 161 Farb- und 36 s/w-Fotos, 4 Ausklapptafeln, Pappband. ●●●●

Die Super-Trucks der Welt
(4257) Von H. G. Isenberg, 194 S., 205 Farbfotos, 87 s/w-Fotos, 7 Farbzeichnungen, 4 farb. Ausklapptafeln, Pappband. ●●●●

Die Super-Motorräder der Welt
(4193) Von H. G. Isenberg, 192 S., 170 Farb- und 100 s/w-Fotos, 8 Zeichnungen, Pappband. ●●●●

Die Super-Eisenbahnen der Welt
(4287) Von W. Kosak, H. G. Isenberg, 224 S., 269 Farbfotos, 79 s/w-Fotos, 8 Vignetten, 5 farb. Ausklapptafeln, Pappband. ●●●●

Sport und Fitneß

Neue Lehrmethoden der Judo-Praxis
(0424) Von P. Herrmann, 223 S., 475 Abb., kart. ●●

Judo
Grundlagen - Methodik. (0305) Von M. Ohgo, 208 S., 1025 Fotos, kart. ●●

Fußwürfe
für Judo, Karate und Selbstverteidigung. (0439) Von H. Nishioka, übers. von H.J. Heese, 96 S., 260 Abb., kart. ●

Modernes Karate
Das große Standardwerk mit 2279 Abbildungen. (4280) Von T. Okazaki, Dr. med. M. V. Stricevic, übers. von M. Pabst, 376 S., 2279 s/w-Abb., Pappband. ●●●●●

Nakayamas Karate perfekt 1
Einführung. (0487) Von M. Nakayama, 136 S., 605 s/w-Fotos, kart. ●●

Nakayamas Karate perfekt 2
Grundtechniken. (0512) Von M. Nakayama, 136 S., 354 s/w-Fotos, 53 Zeichn., kart. ●●

Nakayamas Karate perfekt 3
Kumite 1: Kampfübungen. (0538) Von M. Nakayama, 128 S., 424 s/w-Fotos, kart. ●●

Nakayamas Karate perfekt 4
Kumite 2: Kampfübungen. (0547) Von M. Nakayama, 128 S., 394 s/w-Fotos, kart. ●●

Nakayamas Karate perfekt 5
Kata 1: Heian, Tekki. (0571) Von M. Nakayama, 144 S., 1229 s/w-Fotos, kart. ●●

Nakayamas Karate perfekt 6
Kata 2: Bassai-Dai, Kanku-Dai, (0600) Von M. Nakayama, 144 S., 1300 s/w-Fotos, 107 Zeichnungen, kart. ●●

Nakayamas Karate perfekt 7
Kata 3: Jitte, Hangetsu, Empi. (0618) Von M. Nakayama, 144 S., 1988 s/w-Fotos, 105 Zeichnungen, kart. ●●

Nakayamas Karate perfekt 8
Gankaku, Jion. (0650) Von M. Nakayama, 144 S., 1174 s/w-Fotos, 99 Zeichnungen, kart. ●●

Karate für alle
Karate-Selbstverteidigung in Bildern. (0314) Von A. Pflüger, 112 S., 356 s/w-Fotos, kart. ●

Fit mit **Karate**
(2308) Von A. Pflüger, 96 S., 134 Farbfotos, 4 s/w-Zeichnungen, kart. ●●

25 Shotokan-Katas
Auf einen Blick: Karate-Katas für Prüfungen und Wettkämpfe. (0859) Von A. Pflüger, 88 S., 185 s/w-Abb., 24 ganzseitige Tafeln mit über 1.600 Einzelschritten, kart. ●●

Kontakt-Karate
Ausrüstung · Technik · Training. (0396) Von A. Pflüger, 112 S., 238 s/w-Fotos, kart. ●●

Karate-Do
Das Handbuch des modernen Karate. (4028) Von A. Pflüger, 360 S., 1159 Abb., Pbd. ●●●●

Bo-Karate
Habo-Jitsu – die Techniken des Stockkampfes. (0447) Von G. Stiebler, 176 S., 424 s/w-Fotos, 38 Zeichnungen, kart. ●●

Videokassette
Karate
Einführung und Grundtechniken (6037) VHS, 45 Min., in Farbe, mit Begleitheft. ●●●●*

Karate 1
Einführung · Grundtechniken. (0227) Von A. Pflüger, 144 S., 195 s/w-Fotos, 120 Zeichnungen, kart. ●

Karate 2
Kombinationstechniken · Katas. (0239) Von A. Pflüger, 176 S., 452 s/w-Fotos und Zeichnungen,kart. ●

Karate Kata 1
Heian 1–5, Tekki 1, Bassai Dai. (0683) Von W.-D. Wichmann, 164 S., 703 s/w-Fotos, kart. ●●

Karate Kata 2
Jion, Empi, Kanku-Dai, Hangetsu. (0723) Von W.-D. Wichmann, 140 S., 661 s/w-Fotos, 4 Zeichnungen, kart. ●●

Der König des Kung-Fu
Bruce Lee
Sein Leben und Kampf. (0392) Von L. Lee, 136 S., 104 s/w-Fotos, kart. ●●

Bruce Lees Kampfstil 1
Grundtechniken. (0473) Von B. Lee, M. Uyehara, 109 S., 220 Abb., kart. ●

Bruce Lees Kampfstil 2
Selbstverteidigungs-Techniken. (0486) Von B. Lee, M. Uyehara, 128 S., 310 Abb., kart. ●

Bruce Lees Kampfstil 3
Trainingslehre. (0503) Von B. Lee, M. Uyehara, 112 S., 246 Abb., kart. ●

Bruce Lees Kampfstil 4
Kampftechniken (0523) Von B. Lee, M. Uyehara, 104 S., 211 Abb., kart. ●

Kung-Fu 1
Legende · Philosophie · Grundtechniken (0891) Von Chr. Yim, 152 S., 401 s/w-Fotos, 2 s/w-Zeichnungen, kart. ●●

Kung-Fu und Tai-Chi
Grundlagen und Bewegungsabläufe. (0367) Von B. Tegner, 182 S., 370 s/w-Fotos, kart. ●●

Kung-Fu
Grundlagen · Bewegungsabläufe · Körperschule. (0376) Von M. Pabst, 160 S., 330 Abb., kart. ●●

Bruce Lees Jeet Kune Do
(0440) Von B. Lee, 192 S., mit 105 eigenhändigen Zeichnungen von B. Lee, kart. ●●

Shaolin-Kempo – Kung-Fu
Chinesisches Karate im Drachenstil. (0395) Von R. Czerni, K. Konrad, 246 S., 723 Abb., kart. ●●

Kickboxen
Fitneßtraining und Wettkampfsport. (0795) Von G. Lemmens, 96 S., 208 s/w-Fotos, 23 Zeichnungen, kart. ●●

Ninja 1
Die Lehre der Schattenkämpfer. (0758) Von S.K. Hayes, übers. von J. Schmit, 144 S., 137 s/w-Fotos, kart. ●●

Ninja 2
Die Wege zum Shoshin (0763) Von S.K. Hayes, übers. von J. Schmit, 160 S., 309 s/w-Fotos, 2 Zeichnungen, kart. ●●

Ninja 3
Der Pfad des Togakure-Kämpfers. (0764) Von S.K. Hayes, übers. von J. Schmit, 144 S., 197 s/w-Fotos, 2 Zeichnungen, kart. ●●

Ninja 4
Das Vermächtnis der Schattenkämpfer (0807) Von S.K. Hayes, übers. von J. Schmit, 196 S., 466 s/w-Fotos, kart. ●●

Taekwondo perfekt 1
Die Formenschule bis zum Blaugurt (0890) Von K. Gil, Kim Chul-Hwan, 176 S., 439 s/w-Fotos, 107 Zeichnungen, kart. ●●

Taekwondo perfekt 2
Die Formenschule vom Blau- bis zum Schwarzgurt
(0976) Von K. Gil, K. Chul-Hwan, 192 S., 461 s/w-Fotos, 112 Zeichnungen, kart. ●●

Illustriertes Handbuch des Taekwondo
Koreanische Kampfkunst und Selbstverteidigung. (4053) Von K. Gil, 248 S., 1026 Abb., Pappband. ●●●

Taekwon-Do
Koreanischer Kampfsport. (0347) Von K. Gil, 152 S., 408 Abb., kart. ●●

Ju-Jutsu als Wettkampf
(0826) Von G. Kulot, 168 S., 418 s/w-Fotos, 2 Zeichnungen, kart. ●●

Ju-Jutsu 1
Grundtechniken - Moderne Selbstverteidigung. (0276) Von W. Heim, F.J. Gresch, 164 S., 450 s/w-Fotos, 8 Zeichn., kart. ●

Ju-Jutsu 2
für Fortgeschrittene und Meister. (0378) Von W. Heim, F. J. Gresch, 160 S., 798 s/w-Fotos, kart. ●●

Ju-Jutsu 3
Spezial-, Gegen- und Weiterführungs-Techniken · Stockkampfkunst. (0485) Von W. Heim, F.J. Gresch, 200 S., über 600 s/w-Fotos, kart. ●●

Aikido
Lehren und Techniken des harmonischen Weges. (0537) Von R. Brand, 280 S., 697 Abb., kart. ●●

Hap Ki Do
Koreanische Selbstverteidigung nach dem Lehrsystem des Großmeisters. (0379) Von Kim Sou Bong, 112 S., 152 Abb., kart. ●●

Dynamische Tritte
Grundlagen für den Zweikampf. (0438) Von C. Lee, 96 S., 398 s/w-Fotos, 10 Zeichnungen, kart. ●●

Selbstverteidigung
Abwehrtechniken für Sie und Ihn (0853) Von E. Deser, 96 S., 259 s/w-Fotos, kart. ●

Die Faszination athletischer Körper
Bodybuilding
mit Weltmeister Ralf Möller. (4281) Von R. Möller, 128 S., 169 Farbfotos, 14 s/w-Fotos, 1 Farbzeichn., Pappband. ●●●●

Bodyshaping · Bodybuilding
Mit Anja Albrecht zur Idealfigur. (4405) Von A. Albrecht, 128 S., 164 Farbfotos, 4 s/w-Fotos, 1 Farb- und 1 s/w-Zeichnung, Pappband. ●●●●

Ladyfitneß
Das neue Körperbewußtsein der Frau
Bodyshaping · Körperpflege · Ernährung · Entspannung
(4433) Von Prof. Dr. S. Starischka, B. Grabis, D. von Gramm, G.W. Kienitz, ca. 128 S., ca. 113 Farbfotos, Pappband. ●●●

Bodybuilding für Frauen
Wege zu Ihrer Idealfigur (0661) Von H. Schulz, 112 S., 84 s/w-Fotos, 4 Zeichnungen, kart. ●

fit mit
Bodybuilding
(2314) Von L. Spitz, 112 S., 203 Farbabbildungen, 10 Tabellen. ●●

Bodybuilding
Anleitung zum Muskel- und Konditionstraining für sie und ihn.
(0604) Von R. Smolana, 160 S., 171 s/w-Fotos, kart. ●

Muskeltraining mit Hanteln
Leistungssteigerung für Sport und Fitness. (0676) Von H. Schulz, 104 S., 92 s/w-Fotos, 2 Zeichnungen, kart. ●

Hanteltraining zu Hause
(0800) Von W. Kieser, 80 S., 71 s/w-Fotos, 4 Zeichnungen, kart. ●

Leistungsfähiger durch Krafttraining
Eine Anleitung für Fitness-Sportler, Trainer und Athleten (0617) Von W. Kieser, 96 S., 20 s/w-Fotos, 62 Zeichnungen, kart. ●

Fit und gesund
Fitneßtraining und Bodybuilding zu Hause. Trainingsprogramme für Ihr Wohlbefinden. (0782) Von Prof. Dr. S. Starischka, 80 S., 100 Farbfotos, 3 Zeichnungen, kart. ●●

Videokassette
Fit und gesund Körpertraining und Bodybuilding für zu Hause
(6013) VHS, 30 Min., mit Begleitheft, in Farbe. ●●●●*

Optimale Ernährung
für Krafttraining und Budybuilding.
(0912) Von B. Dahmen, 88 S., 8 Farbtafeln, 8 Zeichnungen, kart. ●

Fit mit **Bio-Training**
für Kraft, Ausdauer und Schnelligkeit
(2310) Von L. Spitz, 112 S., 197 Farbfotos, 11 Farb- und 4 s/w-Zeichnungen, kart. ●●

Top-Form im Sport
Ernährungs-Training
Das Erfolgsprogramm für den Ausdauersportler. (0945) Von M. Inzinger, Dipl.-Oec. troph. G. Wagner, 160 S., 31 Farbzeichnungen, 16 Grafiken, kart. ●●

Gesund und fit durch **Konditionstraining und Wirbelsäulengymnastik**
(0844) Von R. Milser u. K. Grafe, 104 S., 99 Farbfotos, 12 Farbzeichnungen, 5 s/w-Zeichnungen, kart. ●●

Fit mit **Tai Chi**
als sanfte Körpererfahrung (2305) Von B. u. K. Moegling, 112 S., 121 Farbfotos, 6 Farb- u. 4 s/w-Zeichnungen, kart. ●●

Isometrisches Training
Übungen für Muskelkraft und Entspannung. (0529) Von L. M. Kirsch, 140 S., 162 s/w-Fotos, kart. ●●

Stretching
Mit Dehnungsgymnastik zu Entspannung. Geschmeidigkeit und Wohlbefinden.
(0717) Von H. Schulz, 80 S., 90 s/w-Fotos, kart. ●

Fit mit **Stretching**
(2304) Von B. Kurz, 96 S., 255 Farbfotos, kart. ●●

Gesund und fit durch Gymnastik
(0366) Von H. Pilss-Samek, 88 S., 130 Abb., kart. ●

Fit und frisch
Gymnastik für die ganze Familie
(6501) Von G. Sieber, 104 S., 306 Farbfotos, 5 Farbzeichnungen, kart., mit Audiokassette, Laufzeit 30 Min., ●●●

Fit mit **Laufen**
(2315) Von W. Sonntag, 96 S., 60 Farbfotos, 8 Farbzeichnungen, kart. ●●

Spaß am Laufen
Jogging für die Gesundheit. (0470) Von W. Sonntag. 140 S., 41 s/w-Fotos, 1 Zeichnung, kart. ●

Sportschießen
für jedermann. (0502) Von A. Kovacic, 124 S., 116 s/w-Fotos, kart. ●●

Fit mit **Sportschießen**
(2312) Von H. Gabelmann, ca. 112 S., ca. 100 Farbabbildungen, kart. ●●

Fechten
Florett · Degen · Säbel. (0449) Von E. Beck, 88 S., 185 Fotos, 10 Zeichnungen, kart. ●●

Fit mit **Sportabzeichen**
(2307) Von G. Hennige, 104 S., 107 Farbfotos, kart. ●●

Volleyball
Technik · Taktik · Regeln. (0351) Von H. Huhle, 104 S., 330 Abb., kart. ●

Fit mit **Volleyball**
(2302) Von Dr. A. Scherer, 104 S., 27 Farb- und 1 s/w-Foto, 12 Farb- und 29 s/w-Zeichnungen, kart. ●●

Fit mit **Fußball**
(2309) Von H. Obermann, P. Walz, 112 S., 47 Farbfotos, 18 Farb- und 25 s/w-Zeichnungen, kart. ●●

Handball
Technik · Taktik · Regeln. (0426) Von F. und P. Hattig, 128 S., 91 s/w-Fotos, 121 Zeichnungen, kart. ●●

Die neue Tennis-Praxis
Der individuelle Weg zu erfolgreichem Spiel. (4097) Von R. Schönborn, 240 S., 202 Farbzeichnungen, 31 s/w-Abb., Pappband. ●●●●

Moderne Tennistechnik
(4187) Von G. Lam, 192 S., 339 s/w-Fotos, 91 Zeichnungen, kart. ●●●

Tennis
Technik · Taktik · Regeln. (0375) Von W. u. S. Taferner, 112 S., 81 Abb., kart. ●

Tischtennis-Technik
Der individuelle Weg zu erfolgreichem Spiel. (0775) Von M. Perger, 144 S., 296 Abb. kart. ●●

Badminton
Technik · Taktik · Training. (0699) Von K. Fuchs, L. Sologub, 168 S., 51 Abb., kart., ●●

Squash
Ausrüstung · Technik · Regeln. (0539) Von D. von Horn, H.-D. Stünitz, 96 S., 55 s/w-Fotos, 25 Zeichnungen, kart. ●

Fit mit **Squash**
(2311) Von P. Langhammer, R. Michna, 96 S., 86 Farbfotos, 13 Farbzeichnungen, kart. ●●

Eishockey
Lauf- und Stocktechnik, Körperspiel, Taktik, Ausrüstung und Regeln. (0414) Von J. Čapla, 264 S., 548 s/w Fotos, 163 Zeichnungen, kart. ●●

Golf
Ausrüstung und Technik. (0343) Von J.C. Jessop, übersetzt von H. Biemer, mit einem Vorwort von H. Krings, Präsident des Deutschen Golf-Verbandes, 96 S., 57 Abb., Anhang Golfregeln des DGV, kart. ●●

Pool-Billard
(0484) Herausgegeben vom Deutschen Pool-Billard-Bund. Von M. Bach, K.-W. Kühn, 104 S., 64 Abb., kart. ●

Tanzen überall
Discofox, Rock'n Roll, Blues, Langsamer Walzer, Cha-Cha-Cha zum Selberlernen. (0760) Von H.M. Pritzer, 112 S., 128 Farbfotos, kart. ●●

Tanzstunde
Das Welttanzprogramm leicht gelernt
(4409) Von G. Hädrich, 164 S., 489 s/w-Fotos, 63 Zeichnungen, Pappband. ●●●

Wir lernen tanzen
Standard- und lateinamerikanische Tänze (0200) Von E. Fern, 152 S., 119 s/w-Fotos, 47 Zeichnungen, kart. ●

Fit mit **Tanzen**
(2303) Von K. Richter, H. Kleinow, 96 S., 102 Farbfotos, kart. ●●

Dancing
Moderne Discotänze: mit Mambo und Salsa (0977) Von B. und F. Weber, 96 S., 207 s/w-Fotos, kart. ●●

Jive
(5174) Von Peter Wolff, 32 S., 66 Farbfotos, 7 Zeichng., mit Tanzteppich, kartoniert. ●

Cha-Cha-Cha
(5171) Von Peter Wolff, 32 S., 51 Farbfotos, 10 Zeichnungen, mit Tanzteppich, kartoniert. ●

Foxtrott
(5172) Von Peter Wolff, 32 S., 55 Farbfotos, 10 Zeichnungen, mit Tanzteppich, kartoniert. ●

Langsamer Walzer
(5173) Von Wolff, 32 S., 50 Farbfotos, 10 Zeichnungen, mit Tanzteppich, kartoniert. ●

Dirty Dancing
Step by Step leicht gelernt
(0992) Von D. Glück, G. Teusen, 80 S., 140 Farbfotos, kart. ●●

So tanzt man Rock'n Roll
Grundschritte · Figuren · Akrobatik
(0573) Von W. Steuer und G. Marz, 224 S., 303 Abb., kart. ●●

Anmutig und fit durch
Bauchtanz
(0911) Von Marta, 120 S., 229 Farbfotos, 6 s/w-Zeichnungen, kart. ●●

Sporttauchen
Theorie und Praxis des Gerätetauchens
(0647) Von S. Müßig, 144 S., 8 Farbtafeln, 35 s/w-Fotos, 89 Zeichnungen, kart. ●●

Angelfischerei von Aal bis Zander
Fische · Geräte · Technik. (0324) Von H. Oppel, 144 S., 49 s/w-Fotos, 8 Farbt., kart. ●

Angeln
Kleine Fibel für den Sportfischer. (0198) Von E. Bondick, 80 S., 4 Farbt., 116 Abb., kart. ●

Falken-Handbuch
Angeln
in Binnengewässern und im Meer. (4090) Von H. Oppel, 344 S., 24 Farbtafeln, 66 s/w-Fotos, 151 Zeichn., gebunden. ●●●●

Funboard-Surfen
Material · Technik · Regatten · Internationale Reviere. (4297) Von J. Evans, 144 S., 106 Farbfotos, 9 Farbzeichnungen, 68 zweifarbige und 5 s/w-Zeichnungen, kart. ●●●

fit mit
Surfen
(2317) Von H. Mönster, K. H. Eden, B. Bohr, 104 S., 110 Farbfotos, 23 s/w-Zeichnungen, kartoniert. ●●

Fibel für Kegelfreunde
Sport- und Freizeitkegeln · Bowling
(0191) Von G. Bocsai, 72 S., 62 Abb., kart. ●

Fit mit **Kegeln**
(2301) Von G. Gromann, 96 S., 51 Farbfotos, 50 Farb- und 4 s/w-Zeichnungen, kart. ●●

Beliebte und neue Kegelspiele
(0271) Von H. Regulski, 92 S., 62 Abb., kart. ●

111 spannende Kegelspiele
(2031) Von H. Regulski, 80 S., 53 Zeichnungen, kart. ●

Schach

Einführung in das Schachspiel
(0104) Von W. Wollenschläger und K. Colditz, 112 S., 116 Diagramme, kart. ●

Falken-Handbuch
Schach
(4051) Von T. Schuster, 360 S., über 340 Diagramme, gebunden. ●●●●

Spielend Schach lernen
(2002) Von T. Schuster, 96 S., kart. ●

Kinder- und Jugendschach
Offizielles Lehrbuch des Deutschen Schachbundes zur Erringung der Bauern-, Turm- und Königsdiplome. (0561) Von B.J. Withuis, H. Pfleger, 144 S., 220 Zeichnungen und Diagramme, kart. ●●

Zug um Zug
Schach für jedermann 1
Offizielles Lehrbuch des Deutschen Schachbundes zur Errinung des Bauerndiploms. (0648) Von H. Pfleger, E. Kurz, 80 S., 24 s/w-Fotos, 8 Zeichn., 60 Diagramme, kart. ●

FALKEN-Software
Zug um Zug
Schach für jedermann 1
(7015) Wendediskette für C 64 / C 128 PC, mit Begleitheft. ●●●*
(7005) Wendediskette für Atari ST 520/1040 mit Begleitheft. ●●●●●*

Zug um Zug
Schach für jedermann 2
Offizielles Lehrbuch des Deutschen Schachbundes zur Erringung des Turmdiploms. (0659) Von H. Pfleger, E. Kurz, 128 S., 7 s/w-Fotos, 13 Zeichnungen, 78 Diagramme, kart. ●

Zug um Zug
Schach für jedermann 3
Offizielles Lehrbuch des Deutschen Schachbundes zur Erringung des Königdiploms. (0728) Von H. Pfleger, G. Treppner, 128 S., 4 s/w-Fotos, 84 Diagramme, 10 Zeichnungen, kart. ●

Schach für Fortgeschrittene
Taktik und Probleme des Schachspiels (0219) Von R. Teschner, 88 S., 85 Diagramme, kart. ●

Neue Schacheröffnungen
(0478) Von T. Schuster 104 S., 100 Diagramme, kart. ●

Lehr-, Übungs- und Testbuch der Schachkombinationen
(0649) Von K. Colditz, 184 S., 227 Diagramme, kart. ●●

Erfolgreiche Schachlehre
Eröffnungs- und Mittelspielstrategie (0991) Von D. Bronstein, 254 S., 201 Diagramme, Pappband. ●

Faszinierendes Schach
(0989) Von I. Linder, 285 S., 295 Diagramme, Pappband. ●●

Die hohe Schule der
Schachkombinationen
(0920) Von W. Golz, P. Keres, 272 S., 322 Diagramme, Pappband. ●●

Schwerfiguren greifen ein
(0979) Von J. Damski, 184 S., 244 Diagramme, Pappband. ●●

Sizilianisch siegen
durch die Kunst der Verteidigung (0990) Von M. Taimanow, 160 S., 124 Diagramme, Pappband. ●●

Offizielles Lehrbuch des Deutschen Schachbundes
Das systematische Schachtraining
Trainingsmethoden, Strategien und Kombinationen. (0857) Von Sergiu Samarian, 152 S., 159 Diagramme, 1 Zeichn., kart. ●●

Taktische Schachendspiele
(0752) Von J. Nunn, 208 S., 152 Diagramme, kart. ●●

Schachstrategie
Ein Intensivkurs mit Übungen und ausführlichen Lösungen. (0584) Von A. Koblenz, dt. Bearb. von K. Colditz, 212 S., 240 Diagramme, kart. ●●

Schachtraining mit den Großmeistern
(0670) Von H. Bouwmeester, 128 S., 90 Diagramme, kart. ●●

Die besten Partien deutscher Schachgroßmeister
(4121) Von H. Pfleger, 192 S., 29 s/w-Fotos, 89 Diagramme, Pappband. ●●●

So denkt ein Schachmeister
Strategische und taktische Analysen. (0915) Von H. Pfleger, G. Treppner, 120 S., 75 Diagramme, kart. ●●

Schach als Kampf
Meine Spiele und mein Weg. (0729) Von G. Kasparow, 144 S., 95 Diagramme, 9 s/w-Fotos, kart. ●●

Schach WM '87
Kasparow/Karpow
(0910) Von H. Pfleger, O. Borik, M. Kipp-Thomas, 136 S., 36 s/w-Fotos, 96 Diagr., kart. ●●

Helmut Pflegers
Schachkabinett
Amüsante Aufgaben – überraschende Lösungen. (0877) Von H. Pfleger, 160 S., 118 Diagramme, kart. ●●

Schach mit dem Computer
(0747) Von D. Frickenschmidt, 140 S., 112 Diagramme, 29 s/w-Fotos, 5 Zeichnungen, kart. ●●

FALKEN-Software
Das komplette Schachprogramm
Spielen, Trainieren, Problemlösen mit dem Computer. (7006) Von J. Egger, Diskette für C 64, C 128 PC, mit Begleitheft. ●●●●●*

Mensch und Gesundheit

Total verknallt... und keine Ahnung?
Alles über Liebe, Sex und Zärtlichkeit (1024) Von H. Bruckner, R. Rathgeber, 104 S., 38 Abbildungen, kartoniert. ●●

Sinnliche Liebe
Sex und Partnerschaft
(4436) Von Dr. A. Stanway, 160 S., 60 vierfarbige Illustrationen, Pappband. ●●●●

Streicheleinheiten für Körper und Seele
Partner Massage
(4444) Von Chr. Unseld-Baumanns, 136 S., 145 Farbfotos, Pappband. ●●●●

Der moderne Ratgeber
Wir werden Eltern
Schwangerschaft · Geburt · Erziehung des Kleinkindes. (4269) Von B. Nees-Delaval, 376 S., 335 2-farbige Abb., Pappband. ●●●●

Wenn Sie ein Kind bekommen
(4003) Von U. Klamroth, Dr. med. H. Oster, 240 S., 86 s/w-Fotos, 30 Zeichn., kart. ●●●

Wenn der Mensch zum Vater wird
Ein heiter-besinnlicher Ratgeber
(4259) Von D. Zimmer, 160 S., 20 Zeichnungen, Pappband. ●●

Vorbereitung auf die Geburt und
Schwangerschaftsgymnastik
Atmung, Rückbildungsgymnastik.
(0251) Von s. Buchholz, 112, S., 98 s/w-Fotos, kart. ●

Yoga für Schwangere
Der Weg zur sanften Geburt
(0777) Von V. Bolesta-Hahn, 112 S., 76 zweifarbige Abb., kart. ●●

Die Kunst des Stillens
nach neuesten Erkenntnissen (0701) Von Prof. Dr. med. E. Schmidt, S. Brunn, 112 S., 20 Fotos und Zeichnungen, kart. ●

Das Babybuch
Pflege · Ernährung · Entwicklung
(0531) Von A. Burkert, 96 S., 76 zweifrg. Zeichn., 22 s/w-Zeichn., kart. ●●

Wenn Kinder krank werden
Medizinischer Ratgeber für Eltern
(4240) Von Dr. med. I.J. Chasnoff, B. Nees-Delaval, 232 S., 163 Zeichn., Pbd.. ●●●

Erkennen Sie sich selbst
Psycho-Tests
(0710) Von B.M. Nash, R.B. Monchick, übers. v. J. Schiesmann, 304 S., 81 Zeichn., kart. ●●

FALKEN-Software
Ego-Tests
Sich und andere besser erkennen und verstehen. (7012) Diskette für IBM PC kompatible (MS DOS) mit Begleitheft. ●●●●●*

Bildatlas des menschlichen Körpers
(4177) Von G. Pogliani, V. Vannini, 112 S., 402 Farbabb. 28 s/w-Fotos, Pappband. ●●●

Dr. Reitners großes Gesundheitslexikon
Mit über 5000 Stichwörtern.
(4282) Von Dr. med. H.-J. Lewitzka-Reitner, in Zusammenarbeit mit P. Janknecht und U. Kannapinn, 504 S., 424 s/w-Abbildungen, Pappband. ●●

Das moderne Hausbuch der Naturheilkunde
Neueste Erkenntnisse der Ganzheitsmedizin von Akupressur bis Zelltherapie
(4403) Von G. Leibold, 448 S., 263 Farbzeichn., 15 s/w-Fotos, Pappband. ●●●●●

Pillenpreise unverblümt
Rezeptfreie Medikamente:
Medizinische Grundlagen · Wirkungen · Risiken · Preisübersicht
(4426) Von Dr. rer.nat. K. Mayer, 248 S., franz. Broschur. ●●●

Ratgeber Aids
Entstehung, Ansteckung, Krankheitsbilder, Heilungschancen, Schutzmaßnahmen (0803) Von B. Baartman, Vorwort von Dr. med. H. Jäger, 112 S., 8 Farbtafeln, 4 Grafiken, kart. ●●

Nahrungsmittelallergien
So ernähren Sie sich richtig!
(0913) Von Priv-Doz.Dr.med.habil. J. von Mayenburg, Prof. Dr. med. Dr. phil. S. Borelli, E. Polster, 136 S., kart. ●●

Diabetes
Krankheitsbild, Therapie, Kontrollen, Schwangerschaft, Sport, Urlaub, Alltagsprobleme, Neueste Erkenntnisse der Diabetesforschung. (0895) Von Dr. med. H.J. Krönke, 120 S., 4 Farbtafeln, 14 s/w-Fotos, 13 s/w-Zeichnungen, kart. ●

Darmleiden
Krankheitsbilder, Behandlung, Selbstbehandlung, Richtige Lebensführung und Ernährung. (0798) Von Dr. med. K. Steffens, 112 S., 46 Zeichnungen, kart. ●

Rheuma und Gicht
Krankheitsbilder, Behandlung, Therapieverfahren, Selbstbehandlung. Richtige Lebensführung und Ernährung. (0712) Von Dr. J. Höder, J. Bandick, 104 S., kart. ●

Asthma
Pseudokrupp, Bronchitis und Lungenemphysem. (0778) Von Prof. Dr. med. W. Schmidt, 120 S., 56 Zeichnungen, kart. ●

Krampfadern
Ursachen, Vorbeugung, Selbstbehandlung, Therapieverfahren. (0727) Von Dr. med. K. Steffens, 112 S., 38 Abb., kart. ●

Gallenleiden
Krankheitsbilder, Behandlung, Therapieverfahren, Selbstbehandlung. Richtige Lebensführung und Ernährung. (0673) Von Dr. med. K. Steffens, 104 S., 34 Zeichnungen, kart. ●

Arteriosklerose
Risikofaktoren/Vorbeugung/Therapie
Richtige Ernährung bei erhöhtem Cholesterinspiegel
(1020) Von Prof. Dr. med. G. Assmann, Dr. troph. U. Wahrburg, 192 S., 84 farb. Abb., 4 s/w-Zeichnungen, kartoniert.

Gesundheit durch altbewährte Kräuterrezepte und Hausmittel aus der
Natur-Apotheke
(4156) Von G. Leibold, 236 S., 8 Farbtafeln, 100 Zeichnungen, kart. ●●

Falken-Handbuch **Heilkräuter**
Modernes Lexikon der Pflanzen und Anwendungen (4076) Von G. Leibold, 392 S., 183 Farbfotos, 22 Zeichnungen, geb. ●●●●

Heiltees und Kräuter für die Gesundheit
(4123) Von G. Leibold, 136 S., 15 Farbtafeln, 16 Zeichnungen, kart. ●●

Aus dem Schatz der Naturmedizin
Heilkräuterkuren
(4268) Von Dr. med. E. Rauch, Dr. rer. nat. P. Kruletz, 144 S., 49 Zeichnungen, kart. ●●

Fastenkuren
Wege zur gesunden Lebensführung. Rezepte und Tips für die Nachfastenzeit. Kurzfasten · Saftfastenkuren · Fastenschalttage · Heilfasten. (4248) Von Ha. A. Mehler, H. Keppler, 144 S., 16 s/w-Fotos, 9 Zeichn., Pbd. ●●●

Die sanfte Art des Heilens
Homöopathie
Praktische Anwendung und Arzneimittellehre
(4418) Von J. H. P. Kreuter, 216 S., 49 Zeichnungen, Pappband. ●●●

Massagetechniken und Heilanzeigen
Reflexzonentherapie
(4404) Von G. Leibold, 128 S., 53 Farbzeichnungen, Pappband. ●●●

Wetterfühligkeit
Vorbeugen und behandeln
Der Einfluß von Wetter und Klima auf Körper und Psyche
(0988) Von Dipl.-Met. H. Trenkle, fachl. Beratung Prof. Dr. V. Faust, 120 S., 8 Farbtafeln, 31 zweifarbige Abbildungen und Tabellen, kartoniert. ●●

Kneippkuren zu Hause
(0779) Von G. Leibold, 112 S., 25 Zeichnungen, kartoniert. ●

Entspannung und Schmerzlinderung durch
Massage
(0750) Von B. Rumpler, K. Schutt, 112 S., 116 zweifarbige Zeichnungen, kart. ●

Besser sehen durch Augentraining
Ein Gesundheitsprogramm zur Verbesserung des Sehvermögens. (0914) Von K. Schutt, B. Rumpler, 96 S., 32 s/w-Zeichnungen, kart. ●

Krebsangst und Krebs behandeln
Mit einem Vorwort von Prof. Dr. med. Friedrich Douwes. (0839) Von G. Leibold, 104 S., kart. ●

Hypnose und Autosuggestion
Methoden - Heilwirkungen - praktische Beispiele. (0483) Von G. Leibold, 120 S., 9 Illustrationen, kart. ●

Akupressur zur Eigenbehandlung
(0417) Von G. Leibold, 152 S., 78 Abb., kart. ●

Enzyme
Vitalstoffe für die Gesundheit
(0677) Von G. Leibold, 96 S., kart. ●

Fußsohlenmassage
Heilanzeigen · Technik · Selbsthilfe
(0714) Von G. Leibold, 96 S., 38 Zeichnungen, kart. ●

Rheuma behandeln und lindern
Mit einem Vorwort von Dr. med. Max-Otto-Bruker. (0836) Von G. Leibold, 96 S., kart. ●

Heilfasten
Entschlacken · Regenerieren · Abnehmen
(0713) Von G. Leibold, 96 S., kart. ●

Besser leben durch Fasten
(0841) Von G. Leibold, 96 S., kart. ●

Die echte Schroth-Kur
(0797) Von Dr. med. R. Schroth, 88 S., 2 s/w-Fotos, kart. ●

Allergien behandeln und lindern
Mit einem Vorwort von Prof. Dr. med. Axel Stemmann. (0840) Von G. Leibold, 96 S., 4 Zeichnungen, kart. ●

Sreß bewältigen durch Entspannung
(0834) Von Dr. med. Chr. Schenk, 88 S., 29 Zeichnungen, kart. ●

Autogenes-Training
Anwendung · Heilwirkungen · Methoden
(0541) Von R. Faller, 112 S., 3 Zeichn., kart. ●

Chinesische Naturheilverfahren
Selbstbehandlung mit bewährten Methoden der physikalischen Therapie. Atemtherapie · Heilgymnastik · Selbstmassage · Vorbeugen · Behandeln · Entspannen. (4247) Von F.T. Lie, 160 S., 292 zweifarbige Zeichnungen, Pappband. ●●●

Chinesisches Schattenboxen
Tai-Ji-Quan
für geistige und körperliche Harmonie
(0850) Von F. T. Lie, 120 S., 221 s/w-Fotos, 9 s/w-Zeichnungen, Beilage: 1 s/w-Poster mit zahlreichen Abbildungen, kart. ●●

Fit mit **Tai Chi**
als sanfte Körpererfahrung
(2305) Von B. und K. Moegling, 112 S., 121 Farbfotos, 6 Farbzeichnungen, kart. ●●

Yoga
Weg zur Harmonie
(4417) Von A. Harf, W. von Rohr, 176 S., 171 Farbfotos, 12 s/w-Zeichnungen, kartoniert. ●●●●

Bauch, Taille und Hüfte gezielt formen durch
Aktiv-Yoga
(0709) Von K. Zebroff, 112 S., 102 Farbfotos, kart. ●●

Yoga für Jeden
(0341) Von K. Zebroff. 156 S., 135 Abb., Spiralbindung. ●●●

Richtige Atmung und Entspannung durch
Yoga
(0321) Von U. Thomsen, 112 S., 50 s/w-Fotos, kartoniert. ●

Yoga gegen Haltungsschäden und Rückenschmerzen
(0394) Von A. Raab, 104 S., 215 Abb., kart. ●

Chinesische Punktmassage **Akupressur**
(4419) Von F.T. Lie, 192 S., 332 zweifarbige Abb., Pappband. ●●●

Shiatsu-Massage
Hormonisierung der Energieströme im Körper. (0615) Von G. Leibold, 196 S., 180 Abb., kart. ●●

Diät bei Darmkrankheiten
Durchfall - Divertikulose, Reizdarm und Darmträgheit - einheimische Sprue (Zöllakie) - Disaccharidasemangel - Dünndarmresektion - Dumping Syndrom. Rezeptteil von B. Zöllner. (3211) Von Prof. Dr. med. G. Strohmeyer, 88 S., 4 Farbtafeln, kart. ●●

Ballaststoffreiche Kost bei Funktionsstörungen des Darms
Rezeptteil von B. Zöllner. (3212) Von Prof. Dr. med. H. Kasper, 96 S., 34 Farbfotos, 1 s/w-Fotos, kart. ●●

Diät bei Krankheiten des Magens und Zwölffingerdarms
Rezeptteil von B. Zöllner, (3201) Von Prof. Dr. med. H. Kaess, 96 S., 35 Farbfotos, 1 s/w-Zeichnung, kart. ●●

Diät bei Krankheiten der Gallenblase, Leber und Bauchspeicheldrüse
Rezeptteil von B. Zöllner. (3207) Von Prof. Dr. med. H. Kasper, 88 S., 4 Farbtafeln, kart. ●●

Diät bei Übergewicht
Rezeptteil von B. Zöllner. (3209) Von Prof. Dr. med. Ch. Keller, 104 S., 42 Farbfotos, 3 s/w-Zeichnungen, kart. ●●

Diät bei Gicht und Harnsäuresteinen
Rezeptteil von B. Zöllner. (3205) Von Prof. Dr. med. N. Zöllner, 80 S., 4 Farbtafeln, kart. ●●

Diät bei Herzkrankheiten und Bluthochdruck
Rezeptteil von B. Zöllner. (3202) Von Prof. Dr. med. H. Rottka, 92 S., 4 Farbtafeln, kart. ●●

Richtige Ernährung wenn man älter wird
Rezeptteil von B. Zöllner. (3204) Von Prof Dr. med. H.-J. Pusch. 96 S., 36 Farbfotos und 3 s/w-Zeichnungen, kart. ●●

Diät bei Erkrankungen der Nieren, Harnwege und bei Dialysebehandlung
Rezeptteil von B. Zöllner. (3203) Von Prof. Dr. med. Dr. h. c. H. J. Sarre und Prof Dr. med. R. Kluthe, 96 S., 33 Farbfotos, 1 s/w-Zeichnung, kart. ●●

Diät bei Zuckerkrankheit
Rezeptteil von B. Zöllner. (3206) Von Prof. Dr. med. P. Dieterle, 112 S., 42 Farbfotos, 4 vierfarbige Vignetten, 1 s/w-Zeichnung, kart. ●●

Kochen für Diabetiker
Gesund und schmackhaft für die ganze Familie. (4132) Von M. Toeller, W. Schumacher, A. C. Groote, 224 S., 109 Farbfotos, 94 Zeichnungen, Pappband. ●●●

Neue Rezepte für Diabetiker-Diät
Vollwertig - abwechslungsreich - kalorienarm. (0418) Von M. Oehlrich, 96 S., 8 Farbtafeln, kart. ●

Diät bei Störungen des Fettstoffwechsels und zur Vorbeugung der Arteriosklerose
Rezeptteil von B. Zöllner. (3208) Von Prof. Dr. med. G. Wolfram und Dr. med. O. Adam, 104 S., 4 Farbtafeln, kart. ●●

Garten, Tiere, Umwelt

Garten heute
Der moderne Ratgeber · Über 1000 Farbbilder. (4283) Von H. Jantra, 384 S., über 1000 Farbabb., Pappband. ●●●●

Blütenpracht in Haus und Garten
Der große praktische Ratgeber mit über 1000 farbigen Abb. (4145) Von M. Haberer, u.a. 352 S., 1012 Farbfotos, Pbd. ●●●●

Die offizielle Sonderausgabe zur BUGA Frankfurt '89
Das Gartenjahr
Arbeitspläne und Pflanzenporträts
(4434) Von Dr. G. Schoser, 120 S., 146 Farbfotos, 187 Zeichnungen, 13 Tabellen, kart. ●

Blütenpracht aus winterharten Blumenzwiebeln
(0772) Von H. Lass, 112 S., 120 Farbfotos und Zeichnungen, kart. ●●

Blumenpracht im Garten
(5014) Von I. Manz, 64 S., 93 Farbfotos, Pappband. ●●

Erfolgstips für den Obstgarten
Gesunde Früchte durch richtige Sortenwahl und Pflege. (0827) Von F. Mühl, 184 S., 16 Farbtafeln, 33 Zeichnungen, kart. ●●

Erfolgstips für den Gemüsegarten
Mit naturgemäßem Anbau zu höherem Ertrag. (0674) Von F. Mühl, 80 S., 30 s/w-Fotos, 4 Zeichnungen, kart. ●

Mischkultur im Nutzgarten
Mit Jahreskalender und Anbauplänen (0651) Von H. Oppel, 112 S., 8 Farbtafeln, 23 s/w-Fotos, 29 Zeichnungen, kart. ●

Mein Kräutergarten rund ums Jahr
Täglich schnittfrisch und gesund würzen (4192) Von Prof. Dr. G. Lysek, 136 S., 15 Farbtafeln, 91 Zeichnungen, kart. ●●

Selbstversorgung aus dem eigenen Anbau
Reichen Erntesegen verwerten und haltbar machen. (4182) Von M. Bustorf-Hirsch, M. Hirsch, 216 S., 270 Zeichn., Pappband. ●●●

Der richtige Schnitt von Obst- und Ziergehölzen, Rosen und Hecken
(0619) Von E. Zettl, 88 S., 8 Farbtafeln, 39 Zeichnungen, 21 s/w-Fotos, kart. ●

Gesunde Zierpflanzen im Garten
Krankheiten erkennen und behandeln
Mit neuem Diagnose-System
(4429) Von Prof. Dr. G. Stelzer, 208 S., 456 Farbfotos, 5 s/w- und 5 Farbzeichnungen, Pappband. ●●●●

Erfolgstips für den Ziergarten
Schmuckpflanzen und Rasen richtig pflegen (0930) Von F. Mühl, 156 S., 12 Farbtafeln, 26 s/w-Zeichnungen, kart. ●●

Erfolgreich gärtnern mit
Frühbeet und Folie
(0828) Von Dr. Gustav Schoser, 88 S., 8 Farbtafeln, 46 s/w-Fotos, kart. ●

Das Bio-Gartenjahr
Arbeitsplan für naturgemäßes Gärtnern (4169) Von N. Jorek, 128 S., 8 Farbtafeln, 70 s/w-Abb., kart. ●●

Erfolgreich gärtnern
durch naturgemäßen Anbau (4252) Von I. Gabriel, 416 S., 176 Farbfotos, 212 Farbzeichnungen, Pappband. ●●●

Leben im Naturgarten
Der Biogärtner und seine gesunde Umwelt (4124) Von N. Jorek, 128 S., 68 s/w-Fotos, kart. ●●

Aktion Garten ohne Gift
Gesunde Umwelt durch natürlichen Pflanzenschutz
Ein Praxis-Handbuch von E. Hoplitschek u. B.M. Tegethoff. (4425) 176 S., 250 Farbfotos, 36 Farb- und 29 s/w-Zeichn., Pbd. ●●●

So wird mein Garten zum Biogarten
Alles über die Umstellung auf naturgemäßen Anbau. (0706) Von I. Gabriel, 128 S., 73 Farbfotos, 54 Farbzeichnungen, kart. ●●

Neuanlage eines Biogartens
Planung, Bodenvorbereitung, Gestaltung (0721) Von I. Gabriel, 128 S., 73 Farbfotos, 39 Zeichnungen, kart. ●●

Gesunde Pflanzen im Biogarten
Biologische Maßnahmen bei Schädlingsbefall und Pflanzenkrankheiten. (0707) Von I. Gabriel, 128 S., 126 Farbfotos, kart. ●●

Obst und Beeren im Biogarten
Gesunde und schmackhafte Früchte durch natürlichen Anbau. (0780) Von I. Gabriel, 128 S., 109 Farbabb., kart. ●●

Gemüse im Biogarten
Gesunde Ernte durch natürlichen Anbau (0830) Von I. Gabriel, 128 S., 26 Farbfotos, 86 Farbzeichnungen, kart. ●●

Kräuter und Heilpflanzen im Biogarten
Gesunde Ernte durch natürlichen Anbau (0929) Von I. Gabriel, 112 S., 63 Farbfotos, 19 Farbzeichnungen, kart. ●●

Der biologische Zier- und Wohngarten
Planen, Vorbereiten, Bepflanzen und Pflegen (0748) Von I. Gabriel, 128 S., 72 Farbfotos, 46 Farbzeichnungen, kart. ●●

Kosmische Einflüsse auf unsere Gartenpflanzen
Sterne beeinflussen Wachstum und Gesundheit der Pflanzen. (0708) Von I. Gabriel, 112 S., 100 Farbabb., kart. ●●

Natürlich gärtnern unter Glas und Folie
Anbauen und ernten rund ums Jahr. (0722) Von I. Gabriel, 128 S., 107 Farbabb., kart. ●●

Speisepilze aus eigener Zucht
Anbau · Pflege · Zubereitung
(0909) Von U. Groos, 72 S., 8 Farbtafeln, 16 s/w-Zeichnungen, kart. ●

Falken-Handbuch **Pilze**
Mit über 250 Farbfotos und Rezepten (4061) Von M. Knoop, 276 S., 250 Farbfotos, Pappband. ●●●●

Blütenpracht auf Balkon und Terrasse
(0928) Von M. Haberer, 88 S., 139 Farbfotos, kart. ●●

Gemüse, Kräuter, Obst aus dem Balkongarten
- Erfolgreich ernten auf kleinstem Raum (0694) Von S. Stein, 32 S., 34 Farbfotos, 6 Zeichnungen, Spiralbindung, kart. ●

Grabgestaltung
Bepflanzung und Pflege zu jeder Jahreszeit (5120) Von N. Uhl, 64 S., 77 Farbfotos, 2 Zeichnungen, Pappband. ●●

Das offizielle BUGA-Buch
Kleingärten
Planen · Anlegen · Pflegen
(1015) Von H. Jantra, 88 S., 123 Farbfotos, 1 s/w-Foto, 14 Farbzeichnungen, kart. ●●

Das offizielle BUGA-Buch
Reihenhausgärten
Planen · Anlegen · Pflegen
(1016) Von H. Jantra, 104 S., 134 Farbfotos, 45 Farbzeichnungen, kart. ●●

Gartenteiche und Wasserspiele
planen, anlegen und pflegen
(4083) Von H. Sikora, 31 Farb- und 31 s/w-Fotos, 73 Zeichnungen, Pappband. ●●●

Wasser im Garten
Von der Vogeltränke zum Naturteich - Natürliche Lebensräume selbst gestalten. (4230) Von H. Hendel, P. Keßeler, 240 S., 315 Farbabb., 11 s/w-Fotos, Pappband. ●●●●●

Mein kleiner Gartenteich
planen – anlegen – pflegen
(0851) Von I. Polaschek, 144 S., 108 Farbabb., 6 s/w-Zeichnungen, kart. ●●

Häuser in lebendigem Grün
Fassaden und Dächer mit Pflanzen gestalten (0846) Von U. Mehl, K. Werk, 88 S., 116 Farbfotos, 4 Farb-und 17 s/w-Zeichn., kart. ●●

Wintergärten
Das Erlebnis, mit der Natur zu wohnen
Planen, Bauen und Gestalten.
(4256) Von LOG ID, 136 S., 130 Farbfotos, 107 Zeichnungen, Pappband. ●●●●

Rund ums Jahr erfolgreich gärtnern
Gewächshäuser
planen · bauen · einrichten · nutzen
(4408) Von Dr. G. Schoser, J. Wolff, 232 S., 368 Farbabb., 5 s/w-Fotos, Pappband. ●●●●●

Ziergräser
Über 100 Arten erfolgreich kultivieren (0829) Von H. Jantra, 104 S., 73 Farbfotos, 6 Farbzeichnungen, kart. ●●

Das moderne Handbuch
Zimmerpflanzen
(4416) Von H. Jantra, 304 S., 766 Farbfotos, 64 Farb-und 19 s/w-Zeichn., Pappband. ●●●●

365 Erfolgstips für schöne Zimmerpflanzen
(0893) Von H. Jantra, 144 S., 215 Farbfotos, kart. ●●

Prof. Stelzers grüne Sprechstunde
Gesunde Zimmerpflanzen
Krankheiten erkennen und behandeln · Mit neuem Diagnosesystem. (4274) Von Prof. Dr. G. Stelzer, 192 S., 410 Farbfotos, 10 s/w-Zeichnungen, Pappband. ●●●●

Blühende Zimmerpflanzen
94 Arten mit Pflegeanleitungen
(5010) Von R. Blaich, 64 S., 107 Farbfotos, Pappband. ●●

Biologisch zimmergärtnern
Zier- und Nutzpflanzen natürlich pflegen (4144) Von N. Jorek, 152 S., 15 Farbtafeln, 120 s/w-Fotos, Pappband. ●●

Videokassette
Pflanzenjournal
Blumen- und Pflanzenpflege im Jahreslauf. (6036) VHS, 30 Min., in Farbe, mit Begleitheft. ●●●●*

Hydrokultur
Pflanzen ohne Erde - mühelos gepflegt (0944) Von H.-A. Rotter, 144 S., 167 Farbfotos, 13 Farbzeichnungen, kart. ●●

Zimmerpflanzen in Hydrokultur
Leitfaden für problemlose Blumenpflege. (0660) Von H.-A. Rotter, 32 S., 76 Farbfotos, 8 farbige Zeichn., Pappband. ●

Blütenpracht in Grolit 2000
Urkraft der seltenen Erden
(5127) Von G. Vocke, 64 S., 50 Farbfotos, Pappband. ●●

Zimmerbäume, Palmen und andere Blattpflanzen
Standort, Pflege, Vermehrung, Schädlinge (5111) Von G. Schoser, 96 S., 98 Farbfotos, 7 Zeichnungen, Pappband. ●●

Bonsai
Japanische Miniaturbäume und Miniaturlandschaften. Anzucht, Gestaltung und Pflege. (4091) Von B. Lesniewicz, 160 S., 106 Farbfotos, 46 s/w-Fotos, 115 Zeichnungen, gebunden. ●●●●●

Keime, Sprossen, Küchenkräuter
am Fenster ziehen - rund ums Jahr
(0658) Von F. und H. Jantzen, 32 S., 55 Farbfotos, Pappband. ●

Falken-Handbuch **Orchideen**
Lebensraum, Kultur, Anzucht und Pflege. (4231) Von G. Schoser, 144 S., 121 Farbfotos, 28 Farbzeichnungen, Pappband. ●●●

Fibel für Kakteenfreunde
(0199) Von H. Herold, 102 S., 23 Farbfotos, 37 s/w-Abb., kart. ●

Kakteen und andere Sukkulenten
300 Arten mit über 500 Farbfotos.
(4116) Von G. Andersohn, 316 S., 520 Farbfotos, 193 Zeichnungen, Pappband. ●●●●

Kakteen
Herkunft/Anzucht/Pflege/Arten
(5021) Von W. Hoffmann, 64 S., 70 Farbfotos, Pappband. ●●

Grzimek Juniors
BUNTE TIERWELT
(4295) Von Chr. Grzimek, 208 S., 308 Farbfotos, Pappband. ●●●

Falken-Handbuch **Hunde**
(4118) Von H. Bielfeld, 176 S., 222 Farb- und 73 s/w-Abb., Pappband. ●●●●

Das neue Hundebuch
Rassen · Aufzucht · Pflege
(0009) Von W. Busack, überarbeitet von Dr. med. vet. A. H. Hacker und H. Bielfeld, 112 S., 8 Farbt., 27 s/w-Fotos, 6 Zeichn., kart. ●

Dackel, Teckel, Dachshund
Aufzucht · Pflege · Ausbildung
(0508) Von M. Wein-Gysae, 112 S., 4 Farbtafeln, 43 s/w-Fotos, 2 Zeichnungen, kart. ●

Falken-Handbuch
Der Deutsche Schäferhund
(4077) Von U. Förster, 228 S., 160 Abb., Pappband. ●●●

Hundeausbildung
Verhalten - Gehorsam - Ausbildung
(0346) Von Prof. Dr. R. Menzel, 88 S., 19 Fotos, kart. ●

Grundausbildung für Gebrauchshunde
Schäferhund, Boxer, Rottweiler, Dobermann, Riesenschnauzer, Airedaleterrier, Hovawart und Bouvier. (0801) Von M. Schmidt und W. Koch, 104 S., 8 Farbtafeln, 51 s/w-Fotos, 5 s/w-Zeichnungen, kart. ●

Der Deutsche Schäferhund
Aufzucht, Pflege und Ausbildung. (0073) Von A. Hacker, 104 S., 56 Abb., kart. ●

Alles über junge Hunde
(0863) Von Dr. med. vet. E.M. Bartenschlager, 64 S., 49 Farbfotos, 6 Zeichnungen, kart. ●

Richtige Hundeernährung
(0811) Von Dr. med. vet. E.M. Bartenschlager, 80 S., 51 Farbfotos, 4 Farbzeichn., kart. ●

Hundekrankheiten
Erkennung und Behandlung, Steuerung des Sexualverhaltens. (0570) Von Dr. med.vet. R. Spangenberg, 128 S., 68 s/w- Fotos, 10 Zeichnungen, kart. ●

Falken-Handbuch **Katzen**
(4158) Von B. Gerber, 176 S., 294 Farb- und 88 s/w-Fotos, Pappband. ●●●●

Das neue Katzenbuch
Rassen · Aufzucht · Pflege. (0427) Von B. Eilert-Overbeck, 120 S., 14 Farbfotos, 26 s/w-Fotos, kart. ●

Katzenkrankheiten
Erkennung und Behandlung. Steuerung des Sexualverhaltens. (0652) Von Dr. med. vet. R. Spangenberg. 176 S., 64 s/w- Fotos, 4 Zeichnungen, kart. ●

Junge Katzen
(0862) Von Dr. med. vet. E.M. Bartenschlager, 72 S., 40 Farbf., 4 Farbzeichn., kart. ●

Falken-Handbuch **Pferde**
(4186) Von H. Werner, 176 S., 196 Farb- und 50 s/w-Fotos, 100 Zeichn., Pappband. ●●●●

Falken-Handbuch
Pferde
(4186) Von H. Werner, 176 S., 100 Zeichnungen, 196 Farb- und 50 s/w-Fotos, Pappband. ●●●●

Reiten im Bild
(0415) Von H. Werner, 128 S., 142 Farbfotos, 107 Farbzeichng., kartoniert. ●●

Der Hobby-Imker
(0978) Von Dr. R.F.A. Moritz, 144 S., 106 zweifarbige Zeichnungen, kart. ●●

Geflügelhaltung als Hobby
(0749) Von M. Baumeister, H. Meyer, 184 S., 8 Farbtafeln, 47 s/w-Fotos, 15 Zeichnungen, kart. ●●

Vogelhäuschen, Nistkästen, Vogeltränken
mit Plänen und Anleitungen zum Selbstbau. (0695) Von J. Zech, 32 S., 42 Farbfotos, 6 Zeichnungen, Pappband. ●

Sittiche und kleine Papageien
(0864) Von Dr. med. vet. E.M. Bartenschlager, 88 S., 84 Farbfotos, 9 Zeichnungen, kart. ●

Die Tiersprechstunde
Artgerechte Vogelfütterung im Winter
(0908) Von Dr. W. Keil, 64 S., 51 Farbfotos und Zeichnungen, kartoniert. ●

Papageien und Sittiche
Arten · Pflege · Sprechunterricht
(0591) Von H. Bielfeld, 112 S., 8 Farbtafeln, kart. ●

Falken-Handbuch **Süßwasser-Aquarium**
(4191) Von H. J. Mayland, 288 S., 564 Farbfotos, 75 Zeichnungen, Pappband. ●●●●

Das Süßwasser-Aquarium
Einrichtung · Pflege · Fische · Pflanzen
(0153) Von H. J. Mayland, 152 S., 16 Farbtafeln, 43 s/w-Zeichnungen, kart. ●●

Die Tiersprechstunde
Gesunde Fische im Süßwasseraquarium
(1013) Von H. J. Mayland, 96 S., 73 Farbfotos, 10 Zeichng., kartoniert. ●

Tiere im Wassergarten
(0808) Von Dr. med. vet. E.M. Bartenschlager, 96 S., 84 Farbf., 7 Zeichn., kart. ●

Die Tiersprechstunde
Alles über Zwerg- und Goldhamster
(1012) Von M. Mettler, 96 S., 96 Farbfotos, kartoniert. ●

Alles über Meerschweinchen
(0809) Von Dr. med. vet. E.M. Bartenschlager, 72 S., 43 Farbf., 11 Farbzeichn., kart. ●

Alle über Igel in Natur und Haus
(0810) Von Dr. med. vet. E.M. Bartenschlager, 68 S., 51 Farbfotos, kart. ●

Falken-Handbuch **Umweltschutz**
Das Öko-Testbuch zur Eigeninitiative.
(4160) Von M. Häfner, 352 S., 411 Farbf., 152 Farbzeichnungen, Pappband. ●●●●

Vom Urkrümel zum Atompilz
Evolution - Ursache und Ausweg aus der Krise. (4181) Von J. Voigt, 188 S., 20 Farb- und 70 s/w-Fotos, 32 Zeichnungen, kart. ●●

Rat und Wissen

Keinen Mann um jeden Preis
Das neue Selbstverständnis der Frau in der Partnerbeziehung
(4440) Von Shere Hite, Kate Colleran, 208 S., Pappband. ●●●

Haushaltstips von A bis Z
(0759) Von A. Eder, 80 S., 30 Zeichn., kart. ●

Umweltfreundliche Haushaltstips
(1046) Von K. Winkell, 96 S., 36 Zeichnungen, kartoniert. ●

Umgangsformen heute
Die Empfehlungen des Fachausschusses für Umgangsformen (4015) 252 S., 108 s/w-Fotos, 17 Zeichnungen, Pappband. ●●●

Benehmen bei Tisch
(0988) Von I. Cording, 80 S., 90 Farbfotos, 5 s/w-Zeichnungen, kart. ●●

Der gute Ton
In Gesellschaft und Beruf
(0063) Von I. Wolter, 80 S., 42 s/w-Fotos, 7 Zeichnungen, kartoniert. ●

Videokassette
Körpersprache
verstehen und deuten
(6046) VHS, 60 Min., in Farbe, mit Begleitheft. ●●●●●*

Bauernregeln, Bauernweisheiten, Bauernsprüche
(4243) Von G. Haddenbach, 192 S., 62 Farbabb. 9 s/w-Fotos, 144 s/w-Zeichnungen, Pappband. ●●●

Familienforschung · Ahnentafel · Wappenkunde
Wege zur eigenen Familienchronik
(0744) Von P. Bahn, 128 S., 8 Farbtafeln, 30 Abbildungen, kart. ●●

Wie soll es heißen?
(0211) Von D. Köhr, 136 S., kart. ●

Die Silberhochzeit
Vorbereitung · Einladung · Geschenkvorschläge · Dekoration · Festablauf · Menüs · Reden · Glückwünsche. (0542) Von K.F. Merkle, 112 S., 41 Zeichnungen, kart. ●

Wir feiern Hochzeit
Phantasievolle und moderne Festgestaltung
(0943) Von H.J. Winkler, 112 S., kart. ●

Wir heiraten
Ratgeber zur Vorbereitung und Festgestaltung der Verlobung und Hochzeit. (4188) Von C. Poensgen, 216 S., 8 s/w-Fotos, 30 s/w-Zeichn., 8 Farbt., Pappband. ●●●

Von der Verlobung zur Goldenen Hochzeit
(0393) Von E. Ruge, 112 S., kart. ●

Hochzeits- und Bierzeitungen
Muster, Tips und Anregungen. (0288) Von H.-J. Winkler, mit vielen Text- und Gestaltungsanregungen, 116 S., 15 Abb., 1 Musterzeitung, kart. ●

Neues Denken - alte Geister
New Age unter der Lupe. (4278) Von G. Myrell, Dr. W. Schmandt, J. Voigt, 176 S., 54 Farbfotos, 3 Zeichnungen, kart. ●●

Moderne Korrespondenz
Handbuch für erfolgreiche Briefe
(4014) Von H. Kirst und W. Manekeller, 544 S., Pappband. ●●●●

Der richtige Brief
zu jedem Anlaß
Das moderne Handbuch mit 400 Musterbriefen
(4179) Von H. Kirst, 376 S., Pappband. ●●●

Musterbriefe
für alle Gelegenheiten. (0231) Hrsg. von O. Fuhrmann, 240 S., kart. ●●

Privatbriefe
Muster für alle Gelegenheiten. (0114) Von I. Wolter-Rosendorf, 112 S., kart. ●

Der neue Briefsteller
Musterbriefe für alle Gelegenheiten. (0060) Von I. Wolter-Rosendorf, 96 S., kart. ●

Erfolgstips für den Schriftverkehr
Briefgestaltung · Rechtschreibung · Zeichensetzung · Stil. (0678) Von U. Schoenwald, 112 S., kart. ●

Geschäftliche Briefe
des Privatmanns, Handwerkers, Kaufmanns
(0041) Von A. Römer, 124 S., kart. ●

Behördenkorrespondenz
Musterbriefe · Anträge · Einsprüche
(0412) Von E. Ruge, 112 S., kart. ●

Worte und Briefe der Anteilnahme
(0464) Von E. Ruge, 96 S., mit vielen Abb., kart. ●

Briefe zu Geburt und Taufe
Glückwünsche und Danksagungen. (0802) Von H. Beitz, 96 S., 12 Zeichnungen, kart. ●

Briefe zum Geburtstag
Glückwünsche und Danksagungen. (0822) Von H. Beitz, 104 S., 22 Zeichnungen, kart. ●

Briefe der Liebe
Anregungen für gefühlvolle und zärtliche Worte. (0903) Hrsg. von H. Beitz, 96 S., 4 Zeichnungen, kart. ●

Briefe zur Hochzeit
Glückwünsche und Danksagungen
(0852) Von R. Röngen, 96 S., 1 Zeichnung, 39 Vignetten, kart. ●

Reden und Ansprachen
für jeden Anlaß. (4009) Hrsg. von F. Sicker, 454 S., gebunden. ●●●●

Die Kunst der freien Rede
Ein Intensivkurs mit vielen Übungen, Beispielen und Lösungen.
(4189) Von G. Hirsch, 232 S., 11 Zeichnungen, Pappband. ●●●

Die überzeugende Rede
Mehr Erfolg durch bessere Rhetorik
(0076) Von K. Wolter, G. Kunz, 96 S., kart. ●

Festreden und Vereinsreden
Muster für alle Gelegenheiten
(0069) Von K. Lehnhoff, E. Ruge, 96 S., kart. ●

Trinksprüche, Gästebuchverse, Richtsprüche
(0224) Von D. Kellermann, 96 S., kart. ●

Trinksprüche
Fest- und Damenreden in Reimen
(0791) Von L. Metzner, 96 S., 14 s/w-Zeichnungen, kart. ●

Glückwünsche, Toasts und Festreden zur Hochzeit
(0264) Von I. Wolter, 112 S., 18 Zeichnungen, kart. ●

Reden zur Taufe, Kommunion und Konfirmation
(0751) Von G. Georg, 96 S., kart. ●

Reden zur Hochzeit
Musteransprachen für Hochzeitstage
(0654) Von G. Georg, 112 S., kart. ●

Reden zu Familienfesten
Muteransprachen für viele Gelegenheiten
(0675) Von G. Georg, 112 S., kart. ●

Reden zum Geburtstag
Musteransprachen für familiäre und offizielle Anlässe. (0773) Von G. Georg, 96 S., kart. ●

Reden im Verein
Musteransprachen für viele Gelegenheiten
(0703) Von G. Georg, 112 S., kart. ●

Reden zum Jubiläum
Musteransprachen für viele Gelegenheiten
(0595) Von G. Georg, 112 S., kart. ●

Reden und Sprüche zu Grundsteinlegung, Richtfest und Einzug
(0598) Von A. Bruder, G. Georg, 96 S., kart. ●

Reden zum Ruhestand
Musteransprachen zum Abschluß des Berufslebens (0790) Von G. Georg, 104 S., kart. ●

Neue Glückwunschfibel
für groß und klein. (0156) Von R. Christian-Hildebrandt, 96 S., 13 Vignetten, kart. ●

Großes Buch der Glückwünsche
(0255) Hrsg. von O. Fuhrmann, 176 S., 77 Zeichnungen und viele Gestaltungsvorschläge, kart. ●

Herzliche Glückwünsche!
Die schönsten Gedichte und Texte für viele Gelegenheiten. (0942) Hrsg. Von B.H. Bull, 256 S., 50 Zeichnungen, Pappband. ●●

Der Verseschmied
Kleiner Leitfaden für Hobbydichter. Mit Reimlexikon. (0597) Von T. Parisius, 96 S., 28 Zeichnungen, kart. ●

Verse fürs Poesiealbum
(0241) Von I. Wolter, 96 S., 20 Abb., kart. ●

Rosen, Tulpen, Nelken…
Beliebte Verse fürs Poesiealbum
(0431) Von W. Pröve, 96 S., 11 Faksimile-Abb., kart. ●

Kindergedichte zur grünen, silbernen und goldenen Hochzeit
(0318) Von H.-J. Winkler, 104 S., 20 Abb., kart. ●

Glückwunschverse für Kinder
(0277) Von B. Ulrici, 80 S., kart. ●

Kindergedichte für Familienfeste
(0860) Von B.H. Bull, 96 S., 20 Zeichnungen, kart. ●

Kindergedichte rund ums Jahr
(1040) Von A. Schweiggert, 80 S., 49 Zeichnungen, 6 Vignetten, kartoniert. ●

Ins Gästebuch geschrieben
(0576) Von K.H. Trabeck, 96 S., 24 Zeichnungen, kart. ●

Die schönsten Wander- und Fahrtenlieder
(0462) Hrsg. Von F.R. Miller, empfohlen vom Deutschen Sängerbund, 80 S., mit Noten und Zeichnungen, kart. ●

Die schönsten Volkslieder
(0432) Hrsg. Von D. Walther, 128 S., mit Noten und Zeichnungen, kart. ●

Erziehungsgeld, Mutterschutz, Erziehungsurlaub
Das neue Recht für Eltern
(0835) Von J. Grönert, 144 S., kart. ●

Scheidung und Unterhalt
nach dem neuen Eherecht. (0403) Von T. Drewes, 112 S., mit Kosten und Unterhaltstabellen, kart. ●

Endlich 18 und nun?
Rechte, Pflichten, Zukunfts-Chancen.
(0646) Von R. Rathgeber, 224 S., 27 Zeichnungen, kart. ●●

Was heißt hier minderjährig?
(0765) Von R. Rathgeber, C. Rummel, 148 S., 50 Fotos, 25 Zeichnungen, kart. ●●

Testament und Erbschaft
Erbfolge, Rechte und Pflichten der Erben, Erbschafts-und Schenkungssteuer, Mustertestamente. (4139) Von T. Drewes, R. Hollender, 304 S., Pappband. ●●●

Erbrecht und Testament
Mit Erläuterungen des Erbschaftssteuergesetzes von 1974. (0046) Von Dr. jur. H. Wandrey, 124 S., kart. ●

Der letzte Wille
Ratgeber für Erblasser, Erben und Hinterbliebene in Rechts-, Versorgungs- und Steuerfragen
(0939) Von T. Drewes, 136 S., 9 s/w-Zeichnungen, kart. ●●

Mietrecht
Leitfaden für Mieter und Vermieter
(0479) Von J. Beuthner, 196 S., kart. ●●

Präzise Ratschläge für **Ihre optimale Rente**
Vorbereitung · Berechnungsgrundlagen · Gesetzesänderungen · Individuelle Rechenbeispiele. (0806) Von K. Möcks, 96 S., 24 Formulare, 1 Graphik, kart. ●

Das große farbige Kinderlexikon
(4195) Von U. Kopp, 320 S., 493 Farbabb. 17 s/w-Fotos, Pappband. ●●●

ZDF
Kompaß Jugend-Lexikon
(4096) Von R. Kerler, J. Blum, 336 S., 766 Farbfotos, 39 s/w-Abb., Pbd. ●●●●

Gitarre spielen
Ein Grundkurs für den Selbstunterricht
(0534) Von A. Roßmann, 96 S., 1 Schallfolie, 150 Zeichnungen, kart. ●●●

Maschinenschreiben für Kinder
(0274) Von H. Kaus, 48 S., 17 farbige Abb., kart. ●

So lernt man leicht und schnell
Maschinenschreiben
Lehrbuch für Schulen, Lehrgänge und Selbstunterricht. (0568) Von M. Kempkes, 112 S., 48 Zeichnungen, kart. ●●

Maschinenschreiben
In 10 Tagen spielend gelernt. Von Unterrichtsmedien Hoppius. (7008) Diskette für den C 64 und C 128 PC ●●●●* (7009) für IBM PC + kompatible, ●●●●●* (7010) für Schneider CPC 464, 664, 6128, ●●●●●*

Maschinenschreiben im Selbstunterricht
(0170) Von A. Fonfara, 88 S., kart. ●

Buchführung leicht gemacht
Ein methodischer Grundkurs für den Selbstunterricht. (4238) Von D. Machenheimer, R. Kersten, 252 S., Pappband. ●●●

Buchführung leicht gefaßt
Für Handwerker, Gewerbetreibende und freiberuflich Tätige. (0127) Von R. Pohl. 104 S., kart. ●

Stenografie leicht gelernt
im Kursus oder Selbstunterricht
(0266) Von H. Kaus, 64 S., kart. ●

Erfolgreiche Bewerbung um einen Ausbildungsplatz
(0715) Von H. Friedrich, 128 S., kart. ●

Bewerbungsstrategien
Erfolgreiche Konzepte für Karrierebewußte
(1027) Von Dr. W. Reichel, 128 S., kartoniert. ●●

Die Bewerbung
Der moderne Ratgeber für Bewerbungsbriefe, Lebenslauf und Vorstellungsgespräche. (4138) Von W. Manekeller, 264 S., Pappband. ●●

Lebenslauf und Bewerbung
Beispiele für Inhalt, Form und Aufbau
(0428) Von H. Friedrich, 112 S., kart. ●

Die erfolgreiche Bewerbung
Bewerbung und Vorstellung. (0173) Von W. Manekeller, 144 S., kart. ●●

Erfolgreiche Bewerbungsbriefe und Bewerbungsformen
(0138) Von W. Manekeller, U. Schoenwald, 88 S., kart. ●

Die Handschrift als Spiegel des Charakters
Graphologie
(1025) Von Dr. W. Busch, 104 S., 87 Schriftproben, kartoniert. ●

Vorstellungsgespräche
sicher und erfolgreich führen. (0636) Von H. Friedrich, 144 S., kart. ●

Das erfolgreiche Vorstellungs Gespräch
(6047) Von H. Friedrich, VHS, 60 Min., in Farbe, mit Begleitbroschüre. ●●●●●*

Keine Angst vor Einstellungstests
Ein Ratgeber für Bewerber. (0793) Von Ch. Titze. 120 S., 67 Zeichnungen, kart. ●

FALKEN-Software
Einstellungstests
(7013) Von B. Hoppius, Wendediskette für C 64/C 128 PC, mit Begleitheft, ●●●●*

Die ersten Tage am neuen Arbeitsplatz
Ratschläge für den richtigen Umgang mit Kollegen und Vorgesetzten
(0855) Von H. Friedrich, 104 S., kart. ●

Zeugnisse im Beruf
richtig schreiben, richtig verstehen
(0544) Von H. Friedrich, 112 S., kart. ●

Erfolgreiche Kaufmannspraxis
Wirtschaftliche Grundlagen, Geld, Kreditwesen, Steuern, Betriebsführung, Recht, EDV. (4046) Von W. Göhler, H. Gölz, M. Heibel, Dr. D. Machenheimer, 544 S., gebunden. ●●●●

So werde ich erfolgreich
Ratschläge und Tips für Beruf und Privatleben. (0918) Von H. Hans, 104 S., kart. ●●

Wege zum Börsenerfolg
Aktien · Anleihen · Optionen
(4275) Von H. Krause, 252 S., 4 s/w-Fotos, 86 Zeichnungen, Pappband. ●●●

FALKEN-Software
Börsenfieber
Spielend spekulieren mit Geld und Aktien
(7016) IBM PC und Kompatible, Diskette 5 1/4″, mit Begleitheft, ●●●●●*

Konvertierungen:
(7026) für C 64/C 128 PC, mit Begleitheft
(7027) für Atari ST 520/1040, mit Begleitheft
(7028) für Amiga, mit Begleitheft

Schülerlexikon der Mathematik
Formeln, Übungen und Begriffserklärungen für die Klassen 5–10. (0430) Von R. Müller, 176 S., 96 Zeichnungen, kart. ●

Mathematik verständlich
Zahlenbereiche Mengenlehre, Algebra, Geometrie, Wahrscheinlichkeitsrechnung, Kaufmännisches Rechnen. (4135) Von R. Müller, 652 S., 10 s/w- und 109 Farbfotos, 802 farbige und 79 s/w-Zeichnungen, über 2500 Beispiele und Übungen mit Lösungen, Pappband. ●●●●●

Mehr Erfolg in der Schule
Mathematik 1
Arithmetik und Algebra
Übungen, Beispiele und Lösungen für die Klasse 5 bis 10
(4420) Von R. Müller-Fonfara, 256 S., 193 Zeichn., 2 s/w-Fotos, Pappband. ●●●

Mathematische Formeln für Schule und Beruf
Mit Beispielen und Erklärungen. (0499) Von R. Müller-Fonfara, 156 S., 210 Zeichnungen, kart. ●

Rechnen aufgefrischt
für Schule und Beruf. (0100) Von H. Rausch, 144 S., kart. ●

Physik verständlich
Förderkurs für die Klassen 7 bis 10
(0926) Von Dr. Th. Neubert, 136 S., 146 s/w-Zeichnungen, 166 Aufgaben, kart. ●●

Richtige Groß- und Kleinschreibung
durch neue, vereinfachte Regeln. Erläuterungen der Zweifelsfragen anhand vieler Beispiele. (0897) Von Prof. Dr. Ch. Stetter, 96 S., kart. ●

Deutsche Grammatik
Ein Lern- und Übungsbuch. (0704) Von K. Schreiner, 112 S., kart. ●

Mehr Erfolg in der Schule
Deutsche Rechtschreibung und Grammatik
Übungen und Beispiele für die Klassen 5–10. (4407) Von K. Schreiner, 256 S., durchgehend zweifarbig, Pappband. ●●●

Richtiges Deutsch
Rechtschreibung · Zeichensetzung · Grammatik · Stilkunde. (0551) Von K. Schreiner, 128 S., 7 Zeichnungen, kart. ●

Mehr Erfolg in der Schule
Der Deutschaufsatz
Übungen und Beispiele für die Klassen 5–10. (4271) Von K. Schreiner, 240 S., 4 s/w-Fotos, 51 Zeichnungen, Pappband. ●●●

Aufsätze besser schreiben
Förderkurs für die Klassen 4–10. (0429) Von K. Schreiner, 144 S., 4 s/w-Fotos, 27 Zeichnungen, kart. ●●

Mehr Erfolg in Schule und Beruf
Besseres Deutsch
Mit Übungen und Beispielen für Rechtschreibung, Diktate, Zeichensetzung, Aufsätze, Grammatik, Literaturbetrachtung, Stil, Briefe, Fremdwörter, Reden. (4115) Von K. Schreiner, 444 S., 7 s/w-Fotos, 27 Zeichnungen, Pappband. ●●●

Richtige Zeichensetzung
durch neue, vereinfachte Regeln. Erläuterungen der Zweifelsfragen anhand vieler Beispiele. (0744) Von Prof. Dr. Ch. Stetter, 160 S., kart. ●

Diktate besser schreiben
Übungen zur Rechtschreibung für die Klasse 4–8. (0469) Von K. Schreiner, 152 S., 31 Zeichnungen, kart. ●

Besseres Englisch
Grammatik und Übungen für die Klassen 5 bis 10. (0745) Von E. Henrichs, 144 S., kart. ●●

Mehr Erfolg in der Schule
Englische Grammatik
Regeln und Übungen für die Klassen 5 bis 13 (4431) Von E. Heinrichs-Kleinen, 256 S., durchgehend zweifarbig, Pappband. ●●●

FALKEN-Software
The Grammar-Master
Englische Grammatik üben und beherrschen (7002) Diskette für den C 64/C 128 PC ●●●●*

FALKEN-Software
Take a Trip to Britain
(7004) Von reLine, Diskette für C 64/C 128 PC, mit Begleitheft. ●●●●*

FALKEN-Software
Vokabeltrainer Englisch
Von B. Hoppius. (7001) 2 Disketten für C 64/C 128 PC, mit Begleitheft. ●●●●●*
(7007) Wendediskette für Atari ST 520/1040, mit Begleitheft. ●●●●●*

Falken-Software
Vokabel Trainer Französisch
Über 2000 Vokabeln und Redewendungen (7018) Systemdiskette u. Wendediskette für C 64/C 128 PC, mit Begleitheft,
(7019) Diskette für IBM-PC und Komp., mit Begleitheft. ●●●●●

Falken-Software
Vokabel Trainer Latein
(7022) Von B. Hoppius, Wendediskette für C 64/C 128 PC, mit Begleitheft. ●●●●●

Schnell und sicher zum Führerschein
Tips und Tricks aus 30jähriger-Fahrschul-Praxis. (0921) Von O. Einert, 152 S., 156 Farbfotos, 161 z.T. farb. Zeichnungen, kart. ●●

FALKEN-Software
Schnell und sicher zum Führerschein
Intensivtraining mit dem amtlichen Fragenkatalog
(7011) Diskette für C 64/C 128 PC, mit Begleitheft und Fragenkatalog. ●●●●●*

Videokassette
Gesund durch Gedankenenergie
Heilung im gemeinsamen Kraftfeld
(6035) VHS, 45 Min., in Farbe ●●●●●*

Die neue Lebenshilfe **Biorhythmik**
Höhen und Tiefen der persönlichen Lebenskurven vorausberechnen und danach handeln. (0458) Von W. A. Appel, 157 S., 63 Zeichnungen, Pappband. ●●

Die neuen Erkenntnisse zum Biorhythmus
Individuelle Rhythmogramme für Berufserfolg und Gesundheit, Partnerschaft und Freizeit, Beilage: Tagesformplaner.
(4276) Von H. Bott, 144 S., 35 s/w-Zeichnungen, Pappband. ●●●

So deutet man Träume
Die Bildersprache des Unbewußten. (0444) Von G. Haddenbach, 120 S., kart. ●

Wie Sie im Schlaf das Leben meistern
Schöpferisch träumen
Der Klartraum als Lebenshilfe
(4258) Von Prof. D. P. Tholey, K. Utecht. 280 S., 1 s/w-Foto, 20 Zeichn., Pbd. ●●●

Frauenträume – Männerträume
und ihre Bedeutung (4198) Von G. Senger, 272 S., mit Traumlexikon, Pappband. ●●●

Falken-Handbuch **Astrologie**
Charakterkunde · Schicksal · Liebe und Beruf · Berechnung und Deutung von Horoskopen · Aszendenttabelle. (4068) Von B.A. Mertz, 342 S., mit 60 erläuternden Grafiken, Pappband. ●●●

Die Magie der Zahlen
So nutzen Sie die Geheimnisse der Numerologie für ihr persönliches Glück mit dem völlig neuen Planetennumeroskop
(4242) Von B.A. Mertz, 224 S., 36 Abbildungen, Pappband. ●●●

Wahrsagen mit Tarot-Karten
(0482) Von E.J. Nigg, 112 S., 4 Farbtafeln, 52 s/w-Abb., Pappband. ●

Falken-Handbuch **Kartenlegen**
Wahrsagen mit Tarot-, Skat-, Lenormand- und Zigeunerblättern.
(4226) Von B.A. Mertz, 288 S., 38 Farb- und 108 s/w-Abb. Pappband. ●●●●

Weissagen, Hellsehen, Kartenlegen ...
Wie jeder die geheimen Kräfte ergründen und für sich nutzen kann. (4153) Von G. Haddenbach, 192 S., 40 Zeichnungen, Pappband. ●●

Wahrsagen
mit Karten
Die Zukunft in Liebe, Beruf und Finanzen (0404) Von R. Koch, 80 S., 252 Abb., Pappband. ●

Was sagt uns das Horoskop?
Praktische Einführung in die Astrologie. (0655) Von B.A. Mertz, 176 S., 25 Zeichnungen, kart. ●

Die 12 Tierzeichen
Chinesisches Horoskop
(0423) Von G. Haddenbach, 128 S., Pappb. ●

Aztekenhoroskop
Deutung von Liebe und Schicksal nach dem Aztekenkalender. (0543) Von C.-M. und R. Kerler, 160 S., 20 Zeichnungen, Pappband. ●

Das Super-Horoskop
Der neue Weg zur Deutung von Charkter, Liebe und Schicksal nach chinesischer und abendländischer Astrologie. (0465) Von G. Haddenbach, 175 S., kart. ●

Die 12 Sternzeichen
Charakter, Liebe und Schicksal. (0385) Von G. Haddenbach, 120 S., Pappband. ●●

Partnerschaftshoroskop
Glück und Harmonie mit Ihrem Traumpartner. (0587) Von G. Haddenbach, 112 S., 11 Zeichnungen, kart. ●

Sternstunden
für Liebe, Glück und Geld, Berufserfolg und Gesundheit. Das ganz persönliche Mitbringsel für **Widder** (0621), **Stier** (0622), **Zwillinge** (0623), **Krebs** (0624), **Löwe** (0625), **Jungfrau** (0626), **Waage** (0627), **Skorpion** (0628), **Schütze** (0629), **Steinbock** (0630), **Wassermann** (0631), **Fische** (0632) Von L. Cancer, 62 S., durchgehend farbig, Zeichnungen, Pappband. ●

Im Zeichen der Sterne
(0951) Der feurige Widder
(0952) Der willensstarke Stier
(0953) Die vielseitigen Zwillinge
(0954) Der feinfühlige Krebs
(0955) Der königliche Löwe
(0956) Die zuverlässige Jungfrau
(0957) Die charmante Waage
(0958) Der leidenschaftliche Skorpion
(0959) Der temperamentvolle Schütze
(0960) Der treue Steinbock
(0961) Der selbstbewußte Wassermann
(0962) Die romantischen Fische
Von G. Haddenbach, 64 S., 35 Farbfotos, Pappband. ●

Humor und Unterhaltung

Heitere Vorträge
(0528) Von E. Müller, 128 S., 14 Zeichnungen, kart. ●

Die große Lachparade
Neue Texte für heitere Vorträge und Ansagen. (0188) Von E. Müller, 80 S., kart. ●

So feiert man Feste fröhlicher
Heitere Vorträge und Gedichte
(0098) Von Dr. Allos, 96 S., 15 Abb., kart. ●

Heitere Vorträge und witzige Reden
Lachen, Witz und gute Laune
(0149) Von E. Müller, 104 S., 44 Abb., kart. ●

Vergnügliches Vortragsbuch
(0091) Von J. Plaut, 192 S., kart. ●

Lustige Vorträge für fröhliche Feiern
(0284) Von K. Lehnhoff, 96 S., kart. ●

Da lacht das Publikum
Neue lustige Vorträge für viele Gelegenheiten. (0716) Von H. Schmalenbach, 96 S., kart. ●

Und wieder lacht das Publikum
Neue Vorträge und Sketche
(0982) Von H. Schmalenbach, 112 S., kart. ●

Humor und Stimmung
Ein heiteres Vortragsbuch
(0460) Von G. Wagner, 112 S., kart. ●

Gereimte Vorträge
für Bühne und Bütt. (0567) Von G. Wagner, 96 S., kart. ●

Narren in der Bütt
Leckerbissen aus dem rheinischen Karneval
(0216) Zusammengestellt von T. Lücker, 112 S., kart. ●

Damen in der Bütt
Scherze, Büttenreden, Sketche
(0354) Von T. Müller, 136 S., kart. ●

Rings um den Karneval
Karnevalsscherze und Büttenreden
(0130) Von Dr. Allos, 144 S., 2 Zeichnungen, kart. ●●

Wir feiern Karneval
Festgestaltung und Reden für die närrische Zeit. (0904) Von M. Zweigler, 120 S., 7 Zeichnungen, kart. ●

Helau und Allaf 1
Närrisches aus der Bütt
(0304) Von E. Müller, 112 S., 4 Zeichnungen, kart. ●

Helau und Allaf 2
Neue Büttenreden für Sie und Ihn
(0477) Von E. Luft, 96 S., kart. ●

Helau und Allaf 3
Neue Reden für die Bütt. (0832) Von H. Fauser, 112 S., 13 Zeichnungen, kart. ●

Helau und Alaaf 4
Neue Büttenreden für Sie und Ihn
(0983) Hrsg. H. Fauser, 96 S., 15 s/w-Zeichn., zahlreiche Vignetten, kart. ●

Locker vom Hocker
Witzige Sketche zum Nachspielen
(4262) Von W. Giller, 144 S., 41 Zeichnungen, Pappband. ●●

Sketche und Blackouts zum Nachspielen
(0941) Von E. Cohrs, 112 S., 12 Zeichnungen, kart. ●

Sketche und spielbare Witze
für bunte Abende und andere Feste.
(0445) Von H. Friedrich, 112 S., 7 Zeichnungen, kart. ●

Sketche
Kurzspiele zu amüsanter Unterhaltung.
(0247) Von M. Gering, 132 S., 16 Abb., kart., ●

Vorhang auf!
Neue Sketche für jung und alt.
(0898) Von H. Pillau, 96 S., 22 Zeichnungen, kart. ●

Fidele Sketche und heitere Vorträge
Humor zum Nachspielen. (0157) Von H. Ehnle. 96 S., kart. ●

Witzige Sketche zum Nachspielen
(0511) Von D. Hallervorden, 112 S., kart. ●●

Tolle Sketche
mit zündenden Pointen – zum Nachspielen.
(0656) Von E. Cohrs, 112 S., kart. ●

Vergnügliche Sketche
(0476) Von H. Pillau, 96 S., 7 Zeichn., kart. ●

Lustige Sketche
Kurze Theaterstücke für Jungen und Mädchen
(0669) Von U. Lietz, U. Lange, 96 S., kart. ●

Spielbare Witze für Kinder
(0824) Von H. Schmalenbach, 112 S., 30 Zeichnungen, kart. ●

Phantasievolles Schminken
Verzauberte Gesichter für Maskeraden, Laienspiel und Kinderfeste. (0907) Hrsg. Von Y. u. H. Nadolny, 64 S., 227 Farbf., kart. ●●

Das große Hausbuch des Humors
(4421) Hrsg. Von E. Heinold, R. Kempowski, 512 S., 286 Abbildungen, Pappband. ●●●

Witze
Lachen am laufenden Band (4241) Von J. Burkert, D. Kroppach; 400 S., 41 Zeichnungen, Pappband. ●●

Die besten Witze und Cartoons des Jahres 5
(0642) Hrsg. Von K. Hartmann, 288 S., 88 Zeichnungen, Pappband. ●●

Die besten Witze und Cartoons des Jahres 6
(0916) Hrsg. Von D. Kroppach, 288 S., 84 Zeichnungen, Pappband. ●●

Die besten Witze und Cartoons des Jahres 7
(0986) Von V.K. Stranimaier, L. Spangler, 288 S., 93 Cartoons, Pappband. ●●

Die besten Kalauer
(0705) Von K. Frank, 112 S., 12 Zeichnungen, kart. ●

Fred Metzlers Witze mit Pfiff
(0368) Von F. Metzler, 104 S., kart. ●

Die besten Beamtenwitze
(0574) Von W. Pröve, 80 S., 39 Zeichnungen, kart. ●

Horror zum Totlachen
Gruselwitze
(0536) Von F. Lautenschläger, 96 S., 44 Zeichnungen, kart. ●

Herrenwitze
(0589) Von G. Wilhelm, 112 S., 31 Zeichnungen, kart. ●

O frivol ist mir am Abend
Pikante Witze von Fred Metzler. (0388) Von F. Metzler, 128 S., mit Karikaturen, kart. ●

Fips Asmussens Witze
am laufenden Band
(0461) 96 S., kart. ●

Die besten Ostfriesenwitze
(0495) Von O. Freese, 80 S., 15 Zeichnungen, kart. ●

Spaßvögel
Über sexhundert komische Nummern
(0888) Von E. Zeller, mit Limericks Von W. Müller, 220 S., 200 Vignetten, kart. ●

Total bescheuert
Kinder- und Schülerwitze
(0889) Von G. Geßner und E. Zeller, 220 S., 200 Vignetten, kart. ●

Heller Wahnwitz
(0887) Von D. Kroppach, 220 S., 200 Vignetten, kart. ●

Die Kleidermotte ernährt sich von nichts, sie frißt nur Löcher
Stilblüten, Sprüche und Widersprüche aus Schule, Zeitung, Rundfunk und Fernsehen.
(0738) Von P. Haas, D. Kroppach, 112 S., zahlreiche Abb. kart. ●

Witzig, witzig
(0507) Von E. Müller, 128 S., 16 Zeichnungen, kart. ●

Die besten Kinderwitze
(0757) Von K. Rank, 112 S., 28 Zeichnungen, kart. ●

Ich lach mich kaputt! Die besten Kinderwitze
(0545) Von E. Hannemann, 96 S., 10 Zeichnungen, kart. ●

Lach mit!
Witze für Kinder, gesammelt von Kindern.
(0468) Von W. Pröve, 96 S., 17 Zeichnungen, kart. ●

Die besten Kurzgeschichten von Mark Twain
(4458) Ausgewählt von D. Zimmer, 128 S., Pappband. ●

Kritik des Herzens
Heiter-besinnliche Verse von Wilhelm Busch
(4459) Herausgegeben von D. Zimmer, 96 S., Pappband. ●

Die schönsten Galgenlieder von Christian Morgenstern
(4460) Ausgewählt von D. Zimmer, 128 S., Pappband. ●

Ein Mensch…
und andere heitere Verse von Eugen Roth
(4461) Ausgewählt von D. Zimmer, 128 S., Pappband. ●

Scherz und Satire von Roda Roda
(4462) Ausgewählt von D. Zimmer, 112 S., Pappband. ●

Beliebte Autoren des 19. Jahrhunderts
Englischer Humor
(4463) Ausgewählt von D. Zimmer, 112 S., Pappband. ●

Spiele und Denksport

Familien- und Gesellschaftsspiele mit Karten
(2001) Von C.D. Grupp, 144 S., kart. ●

Neues Buch der siebzehn und vier Kartenspiele
(0095) Von K. Lichtwitz, 96 S., kart. ●

Alles über Pokern
Regeln und Tricks. (2024) Von C.D. Grupp, 112 S., 29 Kartenbilder, kart. ●

Rommé und Canasta
in allen Variationen. (2025) Von C.D. Grupp, 88 S., 24 Zeichnungen, kart. ●

Schafkopf, Doppelkopf, Binokel, Cego, Tarock und andere Stammtischspiele.
(2015) Von C.D. Grupp, 112 S., kart. ●

Black Jack
Regeln und Strategien des Kasinospiels.
(2032) Von K. Kelbratowski, 88 S., kart. ●

Das Skatspiel
Eine Fibel für Anfänger. (0206) Von K. Lehnhoff, 96 S., kart. ●

Spielend Skat lernen
unter freundlicher Mitarbeit des Deutschen Skatverbandes. (2005) Von Th. Krüger, 120 S., 181 s/w-Fotos, 22 Zeichn., kart. ●

Falken-Handbuch **Patiencen**
Die 111 interessantesten Auslagen
(4151) Von U.v.Lyncker, 216 S., 108 Abbildungen, Pappband. ●●●

Patiencen
in Wort und Bild. (2003) Von I. Wolter-Rosendorf, 120 S., kart. ●

Neue Patiencen
(2036) Von H. Sosna, 160 S., 43 Farbtafeln, kart. ●●

Herausforderung im Bridge
200 Aufgaben mit Lösungen
(2033) Von V. Mollo, 152 S., kart. ●●

Falken-Handbuch Bridge
Von den Grundregeln zum Turnierspiel
(4092) Von W. Voigt und K. Ritz, 280 S., 792 Zeichnungen, gebunden. ●●●●

Spielend Bridge lernen
(2012) Von J. Weiss, 96 S., 58 Zeichnungen, kart. ●

Präzisions-Treff im Bridge
(2037) Von E. Jannersten, 152 S., kart. ●●

Spieltechnik im Bridge
(2004) Von V. Mollo und N. Gardener, deutsche Adaption Von D. Schröder, 152 S., kart. ●●●

Besser Bridge spielen
Reiztechnik, Spielverlauf und Gegenspiel. (2026) Von J. Weiss, 144 S., 60 Diagramme, kart. ●●

Kartentricks
(2010) Von T.A. Rosee, 80 S., 13 Zeichnungen, kart. ●

Neue Kartentricks
(2027) Von K. Pankow, 104 S., 20 Abb., kart. ●

Das japanische Brettspiel Go
(2020) Von W. Dörholt, 104 S., 182 Diagramme, kart. ●

Mah-Jongg
Das chinesische Glücks-, Kombinations- und Gesellschaftsspiel. (2030) Von U. Eschenbach, 80 S., 30 s/w-Fotos, 5 Zeichn., kart. ●

Backgammon
für Anfänger und Könner. (2008) Von G.W. Fink und G. Fuchs, 104 S., 41 Abb., kart. ●

Das Backgammon-Handbuch
(4422) Von E. Heyken, M.B. Fischer, 232 S., 400 Abbildungen, Pappband. ●●●●

Würfelspiele
für jung und alt. (2007) Von F. Pruss, 112 S., 21 s/w-Zeichnungen, kart. ●

Roulette richtig gespielt
Systemspiele, die Vermögen brachten (0121) Von M. Jung, 96 S., zahlreiche Tabellen, kart. ●

Spielend Roulette lernen
(2034) Von E.P. Caspar, 152 S., 1 s/w-Foto, 45 Zeichnungen, kart. ●●

Gesellschaftsspiele
für drinnen und draußen. (2006) Von H. Görz, 112 S., kart. ●

Spiele für Party und Familie
(2014) Von Rudi Carrell, 80 S., 22 Zeichnungen kart. ●

Neue Spiele für ihre Party
(2022) Von G. Blechner, 112 S., 54 Zeichnungen, kart. ●

Lustige Tanzspiele und Scherztänze
für Partys und Feste. (0165) Von E. Bäulke, 80 S., 53 Abb. kart. ●

Das Spiel mit der Schwerkraft
Jonglieren
mit Bällen, Keulen, Ringen und Diabolo (1009) Von S. Peter, 80 S., 149 Farbfotos, kartoniert. ●●

Magische Zaubereien
(0672) Von W. Widenmann, 64 S., 31 Zeichnungen, kart. ●

Zaubertricks für Anfänger und Fortgeschrittene
(0282) Von J. Merlin, 160 S., 113 Abb., kart. ●●

Zaubern
einfach – aber verblüffend. (2018) Von D. Bouch, 84 S., 41 Zeichnungen, kart. ●

Scherzfragen, Drudel und Blödeleien
gesammelt von Kindern. (0506) Hrsg. von W. Pröve, 80 S., 57 Zeichnungen, kart. ●

Kinderspiele
die Spaß machen. (2009) Von H. Müller-Stein, 104 S., 28 Abb., kart. ●

Kinderspiele mit Buchstaben und Wörtern
(1041) Von Dr. U. Vohland, 96 S., 53 Zeichnungen, kartoniert. ●

Spiele für Kleinkinder
(2011) Von D. Kellermann, 80 S., 23 Abb., kart. ●

Spiel und Spaß am Krankenbett
für Kinder und die ganze Familie. (2035) Von H. Bücken, 96 S., 97 Zeichnungen, kart. ●

Spiele im Freien
(2038) Von G. Wagner, 88 S., 20 zweif. Zeichnungen, kartoniert. ●

Guten Tag, Kinder!
Neue Texte mit Spielanleitungen fürs Kasperletheater. (0861) Von U. Lietz, 96 S., 18 s/w-Zeichnungen, kart. ●

Kasperletheater
Spieltexte und Spielanleitungen · Basteltips für Theater und Puppen. (0641) Von U. Lietz, 114 S., 4 Farbtafeln, 12 s/w-Fotos, 39 Zeichnungen, kart. ●

Kindergeburtstage, die keiner vergißt
Planung, Gestaltung, Spielvorschläge. (0698) Von G. und G. Zimmermann, 104 S., 80 Vignetten, kart. ●

Kindergeburtstag
Vorbereitung, Spiel und Spaß. (0287) Von Dr. I. Obrig, 136 S., 40 Abb., 11 Zeichnungen, 9 Lieder mit Noten, kart. ●

Das Geheimnis der magischen Ringe
Alles über das Puzzle vom Würfel-Erfinder. Die schönsten Figuren.
(0878) Von Dr. Ch. Bandelow, 96 S., 198 Zeichnungen, 8 Cartoons, kart. ●

Die schnellste Lösung und zahllose Varianten
Rubik's C·L·O·C·K™
Genehmigte Ausgabe
(1019) Von J. Trajber, 64 S., 149 Zeichnungen, kart. ●

Knobeleien und Denksport
(2019) Von K. Rechberger, 142 S., 105 Zeichnungen, kart. ●

Quiz
Mehr als 1500 ernste und heitere Fragen aus allen Gebieten. (0129) Von R. Sautter und W. Pröve, 92 S., 9 Zeichnungen, kart. ●

Das Super-Kreuzwort-Rätsel-Lexikon
Über 150.000 Begriffe. (4279) Von H. Schiefelbein, 688 S., Pappband. ●●

500 Rätsel selberraten
(0681) Von E. Krüger, 272 S., kart. ●

501 Rätsel selberraten
(0711) Von E. Krüger, 272 S., kart. ●

Riesen-Kreuzwort-Rätsel-Lexikon
über 250.000 Begriffe. (4197) Von H. Schiefelbein, 1024 S., Pappband. ●●●

Computerbücher und Software

FALKEN Computer Lexikon
(4185) 312 S., 173 s/w-Fotos, Pbd. ●●●

Computer-Grundwissen
Eine Einführung in Funktion und Einsatzmöglichkeiten. (4302) Von W. Bauer, 176 Seiten, 193 Farb- und 12 s/w-Fotos, 37 Computergrafiken, kart. ●●● (4301) Pbd. ●●●●

Grundwissen Informationsverarbeitung
(4314) Von H. Schiro, 312 S., 59 s/w-Fotos, 133 s/w-Zeichnungen, Pappband. ●●●●●

Computergrafik
Von den Grundlagen bis zum perfekten 3 D-Programm. (4319) Von A. Brück, 296 S., 20 Farbtafeln, 180 s/w-Grafiken, 50 s/w-Zeichn., 83 Listings, Pappband. ●●●●●

Die tägliche PC-Praxis
Anwendungshilfen, Programme und Erweiterungen für MS-DOS-Computer
(4322) Von A. Görgens, 224 S., 25 Abbildungen, kart. ●●●●

Microsoft Word
Textverarbeitung, MailMerge und Desktop Publishing im Selbststudium
Für alle Versionen bis 4.0
(4328) Von A. Görgens, 160 S., 120 Abbildungen, kart. ●●●●

WORDSTAR 2000
Textverarbeitung für Einsteiger und Profis
Mit erprobten Anwendungen aus der Praxis.
(4317) Von D. Nasser, 200 S., 9 s/w-Fotos, 3 Zeichnungen, kart. ●●●●●

dBase III
Einführung für Einsteiger und Nachschlagewerk für Profis. (4310) Von J. Brehm, G.A. Karl, 211 S., 23 Abb., kart. ●●●●●

dBASE III PLUS dBASE IV
Der einfache Weg zur individuell programmierten Datenbank
Mit Tutor-Diskette
(4326) Von P. Vogel, Th. Kregeloh, M. Hofmann, 272 S., 63 Abb., kart. ●●●●●

Open Access II
Textverarbeitung, Kalkulation und Datenverarbeitung im Selbststudium
(4327) Von A. Görgens, 184 S., 108 Abbildungen, kart. ●●●●

Textverarbeitung mit Home- und Personal-Computern
Systeme – Vergleiche – Anwendungen
(4316) Von A. Görgens, 128 S., 49 s/w-Fotos, kart. ●●●●

Drucker und Plotter
Text und Grafik für Ihren Computer.
(4315) Von K.-H. Koch, 192 S., 12 Farbtafeln, 5 s/w-Fotos, kart. ●●●●

Desktop Publishing
Setzen und Drucken auf dem Schreibtisch.
(4323) Von A. Görgens, 120 S., 11 s/w-Fotos, 72 Zeichnungen, kart. ●●●

WordStar Praxis professionell
Für die Versionen 3.4/3.45/4.0
Erweiterungen · Praxis-Tips · Datenaustausch · Desktop Publishing. (4324) Von A. Görgens, 172 S., 2 s/w-Fotos, 2 s/w- Zeichnungen, 116 s/w-Grafiken, kart. ●●●●

Einführung in die Programmiersprache BASIC.
(4303) Von S. Curran und R. Curnow, 192 S., 92 Zeichnungen, kart. ●●

Intelligenz in BASIC
für Schneider CPC 464/664/6128. Mit Diskette 3''. (4320) Von K.-H. Koch, 160 S., 14 Zeichnungen, kart. ●●●●●

Garantiert BASIC lernen mit dem C 128
Mit kompletter Kurs-Diskette
(4321) Von A. Görgens, 288 S., 4 s/w-Fotos, 83 Zeichnungen, kart. ●●●●●

Lernen mit dem Computer.
(4304) Von S. Curran und R. Curnow, 144 S., 34 Zeichnungen, Spiralbindung. ●●

Heimcomputer-Bastelkiste
Messen, Steuern, Regeln mit C 64-, Apple II-, MSX-, TANDY-, MC-, Atari- und Sinclair-Computern. (4309) Von G.A. Karl, 256 S., 160 Zeichnungen, kart. ●●●●

Schach mit dem Computer
(0747) Von D. Frickenschmidt, 140 S., 112 Diagramme, 29 s/w-Fotos, 5 Zeichnungen, kart. ●●

Einstellungstests
Die optimale Vorbereitung für Bewerber
(7013) Wendediskette für C 64/C 128 PC, mit Begleitheft. ●●●●*

Ego-Tests
Sich und andere besser erkennen und verstehen
(7012) Diskette für IBM PC und kompatible (MS DOS), mit Begleitheft. ●●●●●*

Schnell und sicher zum **Führerschein**
Intensivtraining mit dem amtlichen Fragenkatalog
(7011) Wendediskette für C 64/C 128 PC, mit Begleitheft und Fragenkatalog.
(7024) für Atari ST 520/1040, mit Begleitheft,
(7029) für Amiga, mit Begleitheft ●●●●●*

Maschinenschreiben
In 10 Tagen spielend gelernt
IBM PC und Kompatible
(7008) Disk. für C 64/C 128 PC, ●●●●*
(7009) für IBM PC + komp., ●●●●●*
(7010) für Schneider CPC 464. ●●●●●*

Das komplette Schachprogramm
(7006) Diskette für C 64/C 128 PC, mit Begleitheft ●●●●●*

Zug um Zug Schach für jedermann 1
Offizielle Schach-Lernsoftware des Deutschen Schachbundes zur Erringung des Bauerndiploms
(7015) Diskette für C 64/C 128 PC mit Begleitheft,
(7005) Diskette für Atari ST 520/1040, mit Begleitheft. ●●●●●*

TEXAD
Text- und Adressenverwaltung
Mit Musterbriefen und Formularen für den privaten und geschäftlichen Bereich
(7017) für IBM-PC und kompatible, Disk. 5 1/4'', mit Begleitheft. Einführungspreis bis 31.8.90 **DM 198,–**; S 1980,–; Fr 187.95, danach **DM 258,–**; S 2580,–; Fr 241.05.

Vokabeltrainer Englisch
Über 2000 Vokabeln und Redewendungen
(7001) 2 Disk. für C 64/C 128 PC, mit Begleitheft
(7007) Disk. für Atari ST 520/1040, mit Begleitheft. ●●●●●*

Take a Trip to Britain
Spielend Englisch lernen mit dem Computer
(7004) Diskette für C 64/C 128 PC, mit Begleitheft. ●●●●*

The Grammar Master
(7002) Diskette für C 64/C 128 PC, mit Begleitheft. ●●●●*
(7030) für IBM-PC + Kompatible, mit Begleitheft, ●●●●●*
(7031) für Atari ST 520/1040 mit Begleitheft, ●●●●●*
(7032) für Amiga, mit Begleitheft. ●●●●●*

Vokabeltrainer Französisch
Über 2000 Vokabeln und Redewendungen
(7018) Systemdisk. + Wendedisk. f. C 64/C 128 PC, mit Begleitheft, (7019) Disk. für IBM-PC und Kompatible, mit Begleitheft. ●●●●●*

Vokabeltrainer Latein
Über 2000 Vokabeln und Redewendungen frei erweiterbar
(7022) Von B. Hoppius, 2 Wendedisketten für C 64/C 128 PC, mit Begleitheft, Diskette für IBM PC und Kompatible, mit Begleitheft. ●●●●●*

Börsenfieber
Spielend spekulieren mit Geld und Aktien
(7016) Für IBM-PC und Kompatible, Diskette 5 1/4'', mit Begleitheft.
(7026) für C 64/C 128 PC, mit Begleitheft,
(7027) für Atari ST 520/1040, mit Begleitheft,
(7028) für Amiga, mit Begleitheft. ●●●●●*

Video

Kochschule mit Paul Bocuse
Der Meisterkoch verrät die Geheimnisse der französischen Küche
(6016) VHS, 60 Min., in Farbe, mit Begleitheft. ●●●●●*

Hobby Aquarellmalerei
Landschaft und Stilleben
(6022) VHS, 40 Min., in Farbe, mit Begleitheft. ●●●●*

Hobby Ölmalerei
Landschaft und Stilleben
(6025) VHS, 40 Min., in Farbe, mit Begleitheft. ●●●●*

Perfekt Stricken
Neue Techniken Schritt für Schritt
(6007) VHS, 51 Min., in Farbe, mit Begleitheft. ●●●●*

Hobby Salzteig
Rezepte/Techniken/Modelle
(6010) VHS, 35 Min., in Farbe, mit Begleitheft. ●●●

Basteln mit Kindern
(6041) VHS, 60 Min., in Farbe, mit Vorlagen in Originalgröße, mit Begleitheft. ●●●*

Die Modelleisenbahn
Anlagenbau in Modultechnik
(6028) VHS, 30 Min., in Farbe. ●●●●*

Karate
Einführung und Grundtechniken
(6037) VHS, 45 Min., in Farbe, mit Begleitheft. ●●●●*

Fit und Gesund
Körpertraining und Bodybuilding zu Hause
(6013) VHS, 30 Min., in Farbe, mit Begleitheft. ●●●●*

Pflanzenjournal
Blumen- und Pflanzenpflege im Jahreslauf
(6036) VHS, 30 Min., mit Begleitheft. ●●●●*

Aktfotografie
Gestaltung/Technik/Spezialeffekte
Interpretationen zu einem unerschöpflichen Thema
(6001) VHS, 60 Min., in Farbe, mit Begleitheft. ●●●●●*

Videografieren
Technik/Bildgestaltung/Schnitt/Vertonung
Filmen mit Video 8
(6031) VHS,
(6033) Beta, (6034) Video 8,
60 Min., in Farbe, mit Begleitheft. ●●●●●*

Videografieren perfekt
Profitricks für Aufnahmetechnik und Nachbearbeitung
(6042) VHS, (6043) Beta, (6044) Video 8,
60 Min., in Farbe, mit Begleitheft. ●●●●●*

Reiseziel **New York**
Die schönsten Sehenswürdigkeiten, präzise Informationen, praktische Tips
(6048) VHS, 60 Min., in Farbe, mit Begleitbroschüre. ●●●●●*

Reiseziel **Kalifornien**
San Franzisko und die schönsten Ziele in Kalifornien.
Präzise Informationen und praktische Tips
(6049) VHS, 60 Min., in Farbe, mit Begleitbroschüre. ●●●●●*

Gesund durch Gedankenenergie
Heilung im gemeinsamen Kraftfeld
(6035) VHS, 45 Min., in Farbe, mit Begleitheft. ●●●●●*

Körpersprache
verstehen und deuten
(6046) VHS, 60 Min., in Farbe, mit Begleitheft. ●●●●●*

Das erfolgreiche Vorstellungsgespräch
(6047) VHS, 60 Min., in Farbe, mit Begleitheft. ●●●●●*

Bestellschein

Erfüllungsort und Gerichtsstand für Vollkaufleute ist der jeweilige Sitz der Lieferfirma. Für alle übrigen Kunden gilt dieser Gerichtsstand für das Mahnverfahren. Falls durch besondere Umstände Preisänderungen notwendig werden, erfolgt Auftragserledigung zu dem bei der Lieferung gültigen Preis.

Ich bestelle hiermit aus dem Falken-Verlag GmbH, Postfach 11 20, D-6272 Niedernhausen/Ts., durch die Buchhandlung:

Ex. ____________________

Ex. ____________________

Ex. ____________________

Ex. ____________________

Name: ____________________ Datum: ____________________

Straße: ____________________

Ort: ____________________ Unterschrift: ____________________